D1686746

Robert Walter
Martin Schmidt

Schmuck gestalten

Interkantonale Lehrmittelzentrale
Lehrmittelverlag des Kantons Zürich

	Lehrmittel der Interkantonalen Lehrmittelzentrale
Autoren	Robert Walter Martin Schmidt
Illustrationen, Arrangement Fotos	Martin Schmidt
Fotos	Robert Nöthiger
Umschlag	Hans Rudolf Ziegler
Projektleitung Buchherstellung	René Schmid

Nach neuer Rechtschreibung

© Lehrmittelverlag des Kantons Zürich
1. Ausgabe 2004
Printed in Switzerland
ISBN 3-03713-030-X
www.lehrmittelverlag.com

Inhaltsverzeichnis

	Vorwort	5
Schmuckthemen	Ohrschmuck	9
	Ohrhänger aus Draht	12
	Ohrstecker aus Draht	14
	Ohrhänger aus Blech	18
	Ohrstecker aus Blech	23
	Ohrhänger aus Acryl	28
	Fingerringe	31
	Fingerringe aus Acryl	36
	Fingerringe aus Blech (offene Formen)	46
	Fingerringe aus Blech (geschlossene Formen)	48
	Fingerringe aus Runddraht (offene Formen)	58
	Fingerringe aus Runddraht (geschlossene Formen)	62
	Armspangen und Armreife	65
	Armspangen aus Blech	68
	Armreife aus Draht	71
	Oberarmspangen aus Draht	77
	Broschen/Anhänger/Haarschmuck	79
	Broschen oder Anhänger aus Acryl	82
	Broschen oder Anhänger aus Metallen	85
	Broschen oder Anhänger aus natürlichen Materialien	88
	Haarspangen	89
	Haarnadeln	90
	Arm- und Halsketten	91
	Arm- und Halsketten aus Silberdraht und Silberblech	94
	Steine fassen	99
	Geschlossene Fassungen	102
	Offene Fassungen	106
	Giessen	107
	Ossa-Sepia-Guss	110
	Sandformenguss	113
	Arbeiten mit Titan	117
	Allgemeines	120
	Schmuckbeispiele	122

Schmuck themen

Ohrhänger aus Draht

Ausgangsmaterial	Messing- oder Kupferdraht 1 mm, verzinkter Fe-Draht 0,5 mm (für Vorübungen), Silberdraht 1/1,5 mm
Anmerkung	Dieser Bereich nimmt Bezug zum Technikkapitel «Biegen von Draht». Zur Förderung der Geschicklichkeit im Umgang mit Zangen und Draht ist ein Einstieg mit Übungen aus diesem Kapitel unbedingt zu empfehlen.
Werkzeuge, Hilfsmittel ⤑ *Techniken / Biegen von Draht, S. 128*	Auswahl von Schmuckzangen, Rundhölzer, Wäscheklammern aus Holz (Draht glätten/Radius vergrössern), Holzresten als Formkörper, Goldschmiedeschere, Seitenschneider, Vornschneider
Einstieg	• Wir beginnen mit gezeichneten 1:1-Vorlagen in einer Ebene (Filzschreiber), indem wir das Drahtgebilde deckungsgleich abformen. • Sobald das Übungsstück (Ms/Cu) gelungen ist und das Muster proportional und formal befriedigt, führen die Schülerinnen das Modell mit Silberdraht aus.

Ohrschmuck

Praktische Ausführung

⇢ *Biegen von Draht, S. 131*

⇢ *Ohrstecker aus Draht, S. 14*

⇢ *Techniken | Biegen von Draht, S. 132*

- Einstieg mit S. 128/129
- Der Start erfolgt mit zweidimensionalen Gebilden.
- Schneckenformen können auseinander gezogen werden und verändern sich so zu Spiralen und Kegeln.
- Schlaufen als Ausgangsformen erfordern viel Geschick, auch dreidimensionale Figuren sind nicht einfach herzustellen.

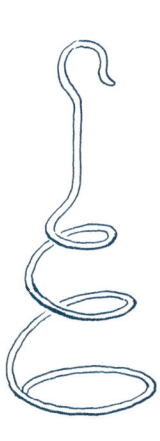

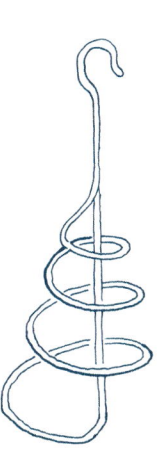

Anmerkung

⇢ *Ohrhänger aus Acryl, S. 29*

Einfache Ohrhänger aus massivem Silber-Runddraht erweisen sich oft als zu schwer zum schmerzlosen Tragen. Gekaufte Schmuckstücke dieser Art sind meist hohl und deshalb viel leichter (Röhrchen). Als Alternative können solche Ohrhänger gut aus Acrylstäbchen angefertigt werden.

Ohrschmuck

Ohrstecker aus Draht

Ausgangsmaterial	Messing- oder Kupferdraht 1 mm (für Vorübungen), Silberdraht 1/1,5 mm
Anmerkung	Im Gegensatz zu den Ohrhängern aus Draht sind hier eher kompakte, flächige Gebilde vorzuziehen. Diese sind leichter am Ohr zu befestigen und zeichnen meist auch besser.
Werkzeuge, Hilfsmittel	Schmuckzangensortiment, Feilkloben, Uhrmachersäge/Seitenschneider
Einstieg	Mit Messing- oder Kupferdraht formen wir zuerst kompakte Schnecken- oder Dreiecksformen (Vorübungen). Sind diese regelmässig gelungen, setzen wir dasselbe mit Silberdraht um. Die Vorübungen mit Buntmetallen ermöglichen es, die Drahtlängen zu bestimmen.
Praktische Ausführung **Vorgehen A**	Formen einer Spirale aus Runddraht. • Drahtende auf Feilholz (Schraubstock) dünn ausfeilen (keilförmig).

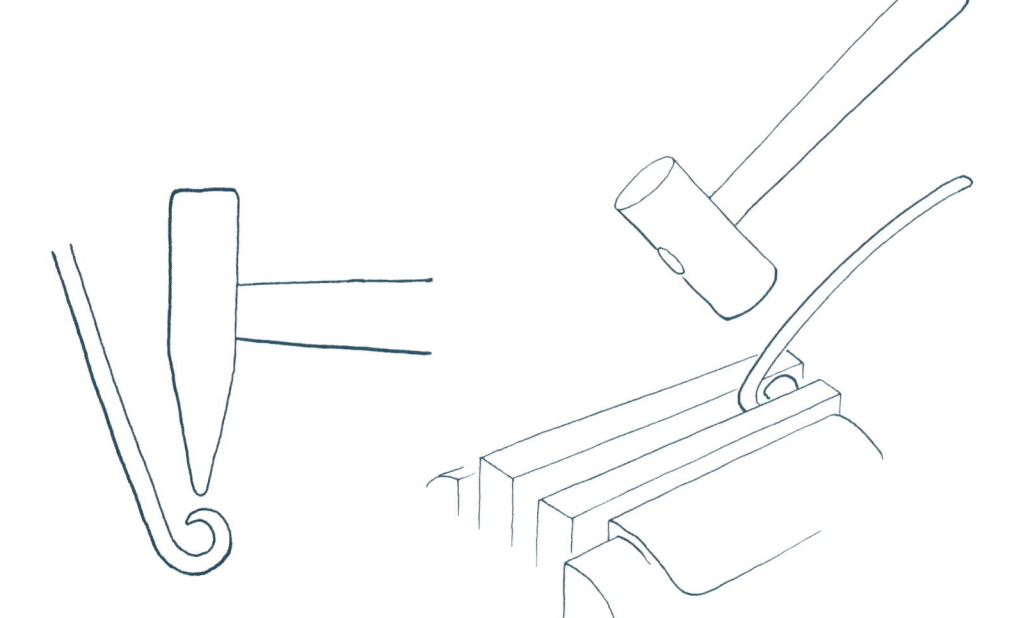

Draht mit Schmuckzange (flach/rund) eindrehen

Eventuell mit (polierter) Hammerfinne kompakt nachformen und allfällige Lücke schliessen

Spirale von Hand oder mit Hammer unter ständigem Nachfassen weiterformen (Schraubstock/MDF-Backen, Schraubstock/Alubacken, Feilkloben)

- Auf möglichst anliegende Wicklungen achten. Wenn der Draht zu viel Spannung hat, dazwischen ausglühen (weiche Flamme).
- Spirale (am gewünschten Ort) ablängen (in bereits geformtem Abschnitt)
- Schnittstelle feilen und schleifen (rund/auslaufend)
- Das Ende der Spirale kann bei Bedarf festgelötet werden.
- Will man die Spirale völlig geschlossen haben, kann man sie von der Rückseite her mit verschiedenen kleinen Lotstücklein kompakt verlöten.

Vorgehen B
- Drahtende auf Feilholz (Schraubstock) dünn ausfeilen
- Am Drahtende rechtwinklig Draht von gleicher Dimension anlöten
- Draht im Schraubstock einspannen (MDF-/Holz-/Alu-Backen)
- Spirale drehen/formen (kreisförmig um eingespannten Draht)

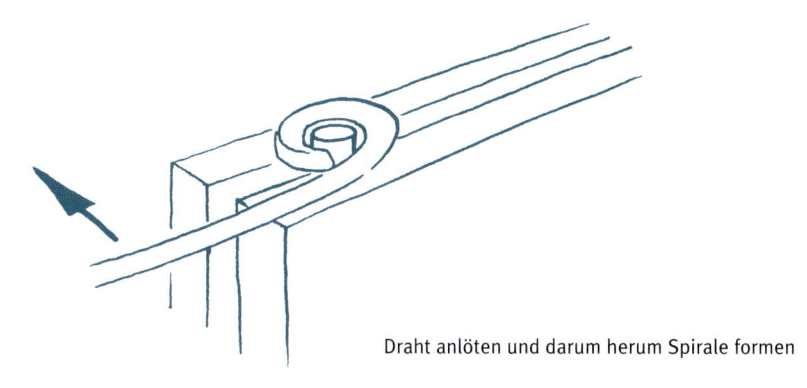

Draht anlöten und darum herum Spirale formen

⤳ *Ohrhänger aus Draht, S. 13*
- Nach Fertigstellung der Spirale/Schnecke: Draht wieder loslöten
- Wird der eingelötete Draht belassen, kann man die Spirale daran auseinander ziehen.

Auf diese Weise erhält man eine Art Kegel. Der Draht wird direkt als Aufhängehaken geformt.

Varianten
- Fertige Spiralen/Schnecken können flach gehämmert oder mit einer Walze flach gewalzt werden.
- Die Behandlung mit der Schlagbürste erzielt einen besonderen Effekt.
- Auch ein leichtes Bombieren durch Auftiefen in einem Gesenk/Kugelanken oder Formholz wirkt reizvoll.

⤳ *Techniken | Stiftchen setzen, S. 150*
- Die Ohrsteckerstiftchen werden nach Fertigstellung der Endform und der Oberflächenbearbeitung direkt an den Runddraht gelötet.
- Arbeitet man mit etwas massiverem Silberdraht, kann die Spirale auch als Anhänger verwendet werden.

Abschnitte aus massivem Silberdraht (rund/quadratisch)

So können ohne grossen Aufwand (z.B. durch Sägen und Feilen) Ohrstecker gestaltet und angefertigt werden.
Eine differenzierte Oberflächengestaltung (z.B. poliert/geschliffen) steigert die Wirkung.

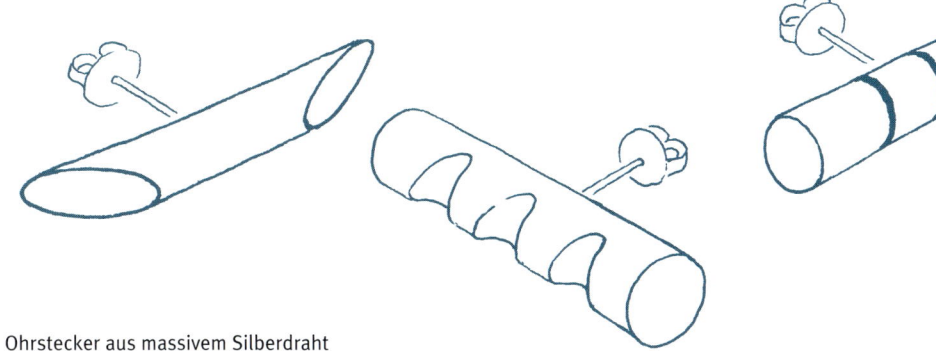

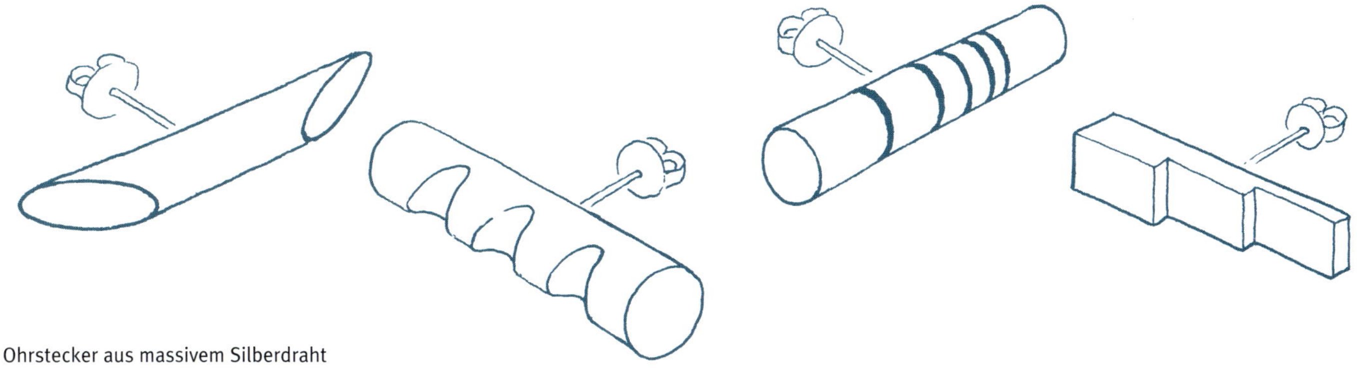

Ohrstecker aus massivem Silberdraht

Ohrhänger aus Blech

Ausgangsmaterial	• Metallbleche, etwa 0,4 bis 1 mm: Messing, Kupfer, Silber 925 • Gewicht beachten (Zug auf Ohr) • Die Materialdicke bestimmt die Techniken • Blechfolien für Modelle (z.B. Ms/Cu 0,1 bis 0,3 mm) • Festes Papier für Modelle • Remaniumdraht 0,6 mm für Aufhängungen
Anmerkung	Modeströmungen prägen vielfach die Ideen und Wünsche der Schülerinnen. Sie bevorzugen figürliche Darstellungen gegenüber abstrakten Formen.
Werkzeuge, Hilfsmittel	• Papierschere, Goldschmiedeschere • Filzschreiber wasserfest • Stecknadeln (evtl. Nähnadeln) • Sägebogen • Kunststoffhammer • Halbrundfeile, Nadelfeile halbrund • Diverse Runddorne als Dreh- und Biegehilfen • Schmuckzangen • Feilkloben oder Stielfeilklöbchen • Rillenholz (evtl. Rilleneisen)

Einstieg	Überlegen und Entwickeln von funktionellen und gestalterischen Möglichkeiten

- Skizzieren, entwerfen ⋯⋗ 2 bis 3 Beispiele aus Metallfolie oder festem Papier ausschneiden (gross, etwa 100 mm lang)
- Modelle drehen oder wickeln
- Bohrloch festlegen
- Nadel durchstechen und aufhängen ⋯⋗ Lage beachten
- Modelle vergleichen (Wirkung, Machbarkeit)

Praktische Ausführung Ausgangsformen anfertigen (Blech)

- Ausgewählte Form auf Messingblech/Silberblech übertragen (wasserfester Filzstift)
- Anordnung beachten (Materialausnützung bei Wahl von Trapezformen)
- Bei beiden Enden: Verlauf der Abschlusskanten beachten!
- Form ausschneiden (Goldschmiedeschere oder Sägebogen)
- Bleche auf Ebene richten mit Kunststoffhammer, Richtplatte (Papierunterlage)
- Bleche deckungsgleich einspannen und evtl. genau zufeilen
- Blechkanten entgraten/schleifen
- Kanten und Flächen polieren (Poliermaschine)

Aufteilungsplan

Variante I Wickeln

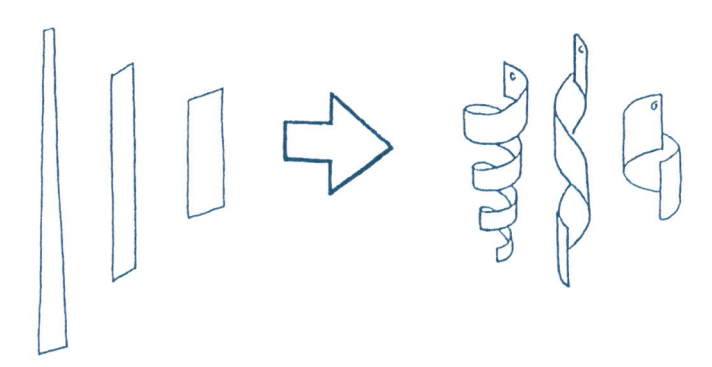

- Paarweise gegengleich (Achsensymmetrie)
- Winkel auf Biegelehre mit Filzstift markieren
- Eventuelle Verlängerung der Spirale mit Zange lang ziehen
- Konische Modelle evtl. mit der Rundzange verengen und erweitern

Mit Runddorn von Hand wickeln

Ohrschmuck

- Loch für das Aufhängen festlegen (Filzstift)
- Körnern (auf Runddorn als Unterlage) – Partnerarbeit
- 1-mm-Loch bohren (Unterlage = in Maschinenschraubstock eingespannter Holz-Rundstab) – Partnerarbeit
- Bohrloch evtl. entgraten (z.B. mit 2-mm-Bohrer)

Variante II Drehen

Beispiel aus 0,5-mm-Messingblech.
Zu dünne Bleche zeigen beim Verdrehen zu wenig Elastizität, sodass sich unbeabsichtigte Kanten bilden können.

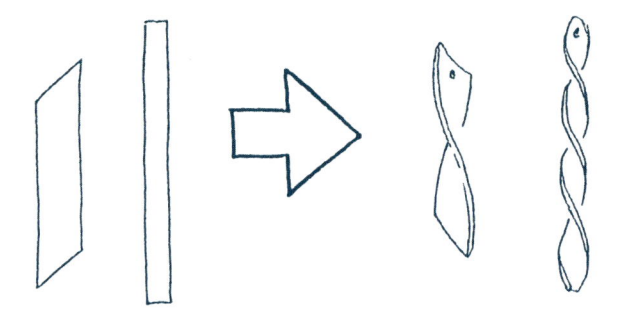

- Paarweise gegengleich (Achsensymmetrie)
- Enden der beiden Ohrhänger gestalten/festlegen
- Evtl. nachschneiden/sägen/schleifen/polieren

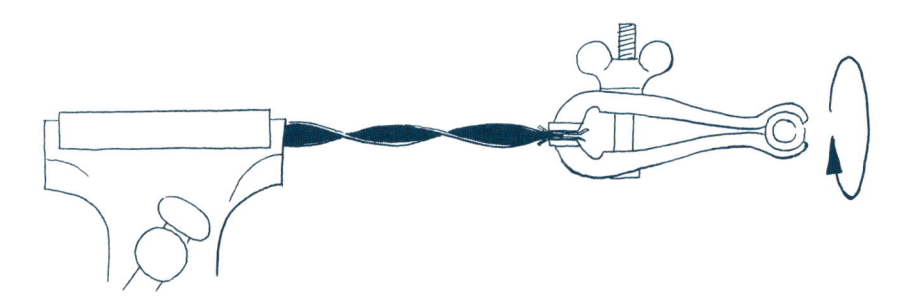

Spirale formen (drehen) am Schraubstock, mit Feilkloben

- Loch für das Aufhängen festlegen (Filzstift)
- Körnern (auf Runddorn als Unterlage) – Partnerarbeit
- 1-mm-Loch bohren (Unterlage = in Maschinenschraubstock eingespannter Holzrundstab) – Partnerarbeit
- Bohrloch evtl. entgraten (z.B. mit 2-mm-Bohrer)

Variante III Rundungen formen

Einstieg *Überlegen und Entwickeln von funktionellen und gestalterischen Möglichkeiten*
- Skizzieren, entwerfen ⟶ 2 bis 3 Beispiele aus Metallfolie ausschneiden (gross, etwa 100 mm lang)
- Beispiele formen (auf Symmetrie achten)
- Bohrloch festlegen
- Mit Nadel durchstechen und aufhängen ⟶ Lage beachten
- Modelle vergleichen (Wirkung, Machbarkeit)

Praktische Ausführung
⟶ *Techniken | Sägen, S. 135*
- Ausgewählte Form auf Silberblech übertragen (wasserfester Filzstift)
- Form aussägen/richten/anpassen/schleifen/polieren
- Rohlinge formen: Dorne, evtl. Biegebacken, Rillenholz, Schmuckzangen
- Möglichkeiten: Runden, biegen, auftiefen

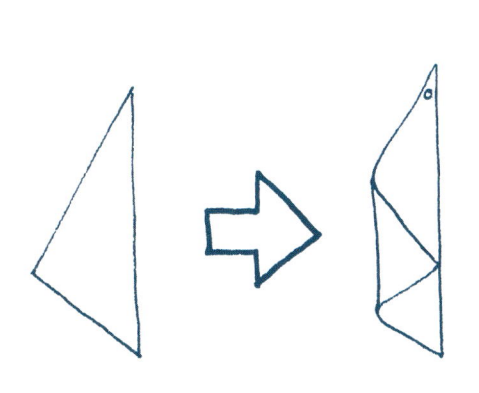

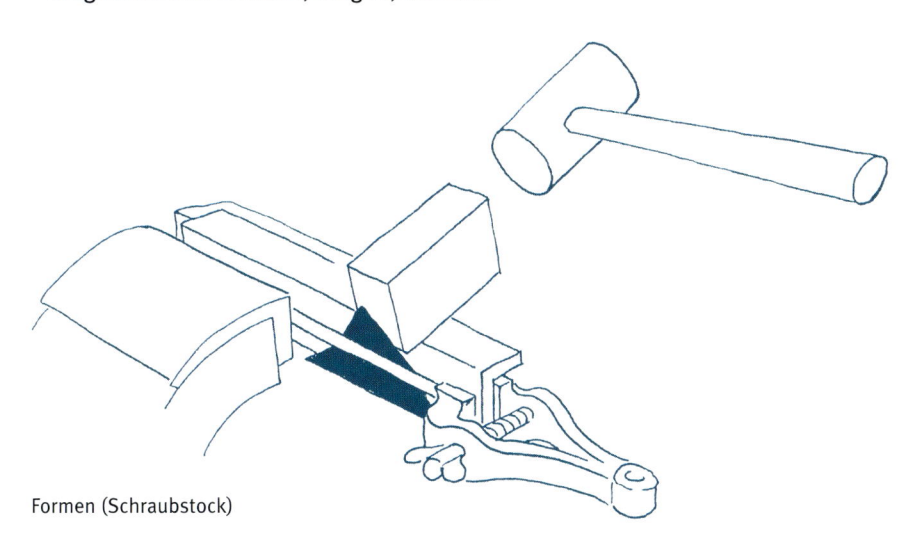

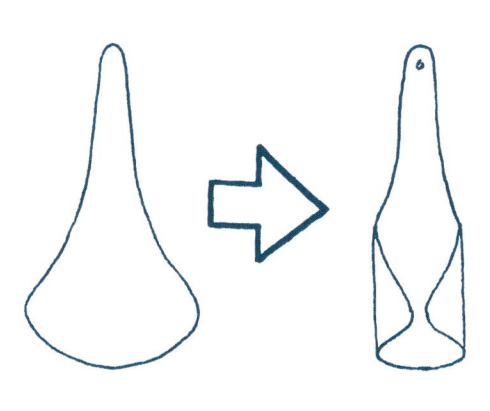

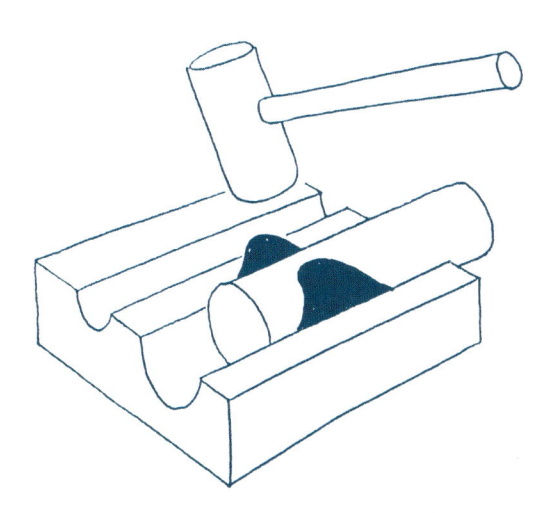

Formen (Schraubstock)

Formen (Rillenholz)

- Loch für das Aufhängen festlegen (Filzstift)
- Körnern (geeignete massive Unterlage) – Partnerarbeit
- 1-mm-Loch bohren – Partnerarbeit
- Bohrloch evtl. entgraten

Variante IV Kanten biegen (falten)

Einstieg *Schüleranleitung (als selbstständige Zwischenarbeit)*
- Skizzieren, entwerfen, ausschneiden (2 bis 3 Beispiele aus Metallfolie)
- Modelle falten (entstehende Faltstreifen sind schmaler als die Backenbreite der Zange)
  Oben beginnend, linksseitig der Zange auf- bzw. abwärtsbiegen, mit Gegendruck durch den linken Daumen. Das noch nicht bearbeitete Stück wird mit der Zange festgehalten.
- Bohrloch festlegen
- Mit Nadel durchstechen und aufhängen

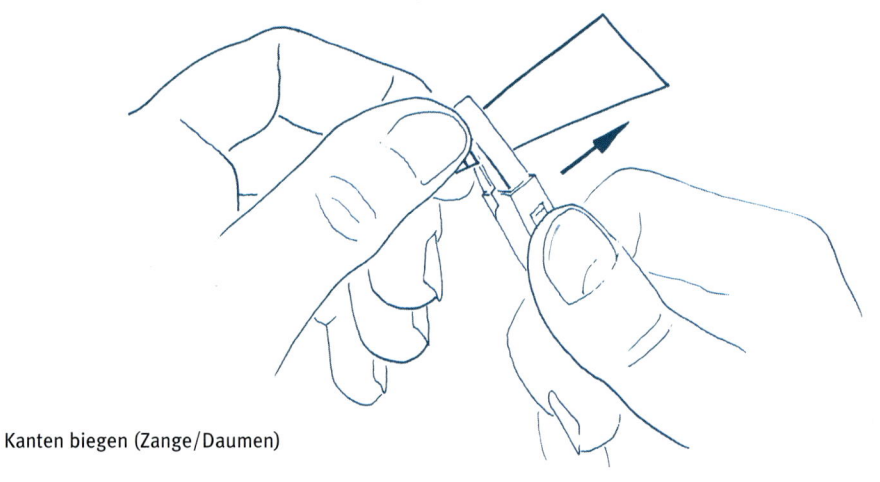

Kanten biegen (Zange/Daumen)

Praktische Ausführung Beispiel aus Messingblech 0,3 mm
- Form des ausgewählten Modells auf Messingblech übertragen (wasserfester Filzstift)
- Form mit der Goldschmiedeschere ausschneiden
- Kanten und Ecken schleifen/polieren
- Bleche falten (biegen)
- Bohrloch festlegen (ganz fein körnern – dünnes Blech!)
- Bohren (1- bis 1,5-mm-Bohrer)
- Entgraten (mit grösserem Bohrer)

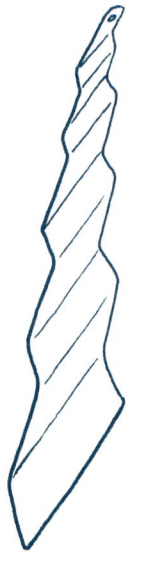

·····▶ *Aufhängevorrichtungen für Ohrhänger, S. 30*

·····▶ *Ohrhänger aus Acryl, S. 28*

Ohrstecker aus Blech

Ausgangsmaterial
- Festes Papier oder Metallfolien für Modelle
- Messingblech 0,5 mm/halbhart – für Übungsbeispiele
- Silberblech 0,5/0,8 mm
- Silberdraht 1 mm (als Ohrsteckerstiftchen)

Werkzeuge, Hilfsmittel
⤑ *Techniken | Sägen, S. 135*
- Uhrmachersägebogen mit feinen Sägeblättchen
- Schnellkleber
- Schere, Cutter mit Schneidunterlage

Einstieg

Wir arbeiten zuerst mit festem Papier (Fotokarton). Es empfiehlt sich, zu Beginn nur mit einer geometrischen Ausgangsform zu experimentieren. Mit Skizzen suchen wir mögliche Endformen. Zukünftige Sägeschnitte am Blech werden beim Fotokarton mit der Schere oder mit einem Cutter ausgeführt. Erst nach Fertigstellung dieser Formen modellieren wir sie durch Auseinanderziehen, Verdrehen, Auftiefen, Biegen.

«Gleiche-Grundform-Variationen durch Sägen»
(Dreieck als Ausgangsform)

Praktische Ausführung

⤑ *Techniken | Oberflächengestaltung, S. 142*

- Dasjenige Modell, welches den Vorstellungen der Schülerinnen am nächsten kommt, wird anschliessend in Silberblech ausgeführt.
- Beim Blech wird die gleiche Ausgangsform möglichst vielfältig weiterbearbeitet. Nebst Sägeschnitten und Bohrlöchern zeigen hier auch Oberflächenstrukturen eine gute Wirkung.
- Normalerweise werden zwei identische Ohrstecker hergestellt. Zu diesem Zweck kleben wir mit Schnellkleber zwei Bleche in der groben Ausgangsform zusammen. Dadurch wird das Sägen von dünnem Blech erleichtert, und gleichzeitig ist diese Methode Garantie für absolut deckungsgleiche Formen.
- Sind wir mit den Sägeschnitten und der endgültigen Formgebung fertig, werden die Kanten und Ecken verputzt und evtl. poliert.

Ohrschmuck

Einstieg, S. 26
Techniken | Löten und Stiftchen setzen, S. 150

- Nun erhitzen wir die Plättchen mit einer weichen Flamme. Dadurch verbrennt der Klebstoff und die Plättchen fallen wieder auseinander.
- Hierauf folgt die Oberflächengestaltung.
- Schliesslich werden die Plättchen modelliert.
- Ganz zum Schluss wird das Ohrsteckstiftchen gesetzt. Auf Symmetrie der Figuren achten!
- Ohrsteckmuttern zur Befestigung sind im Fachhandel erhältlich.

Der Vielfalt äusserer Formen für Ohrstecker sind fast keine Grenzen gesetzt.

Geometrische Grundformen und deren Abwandlungen

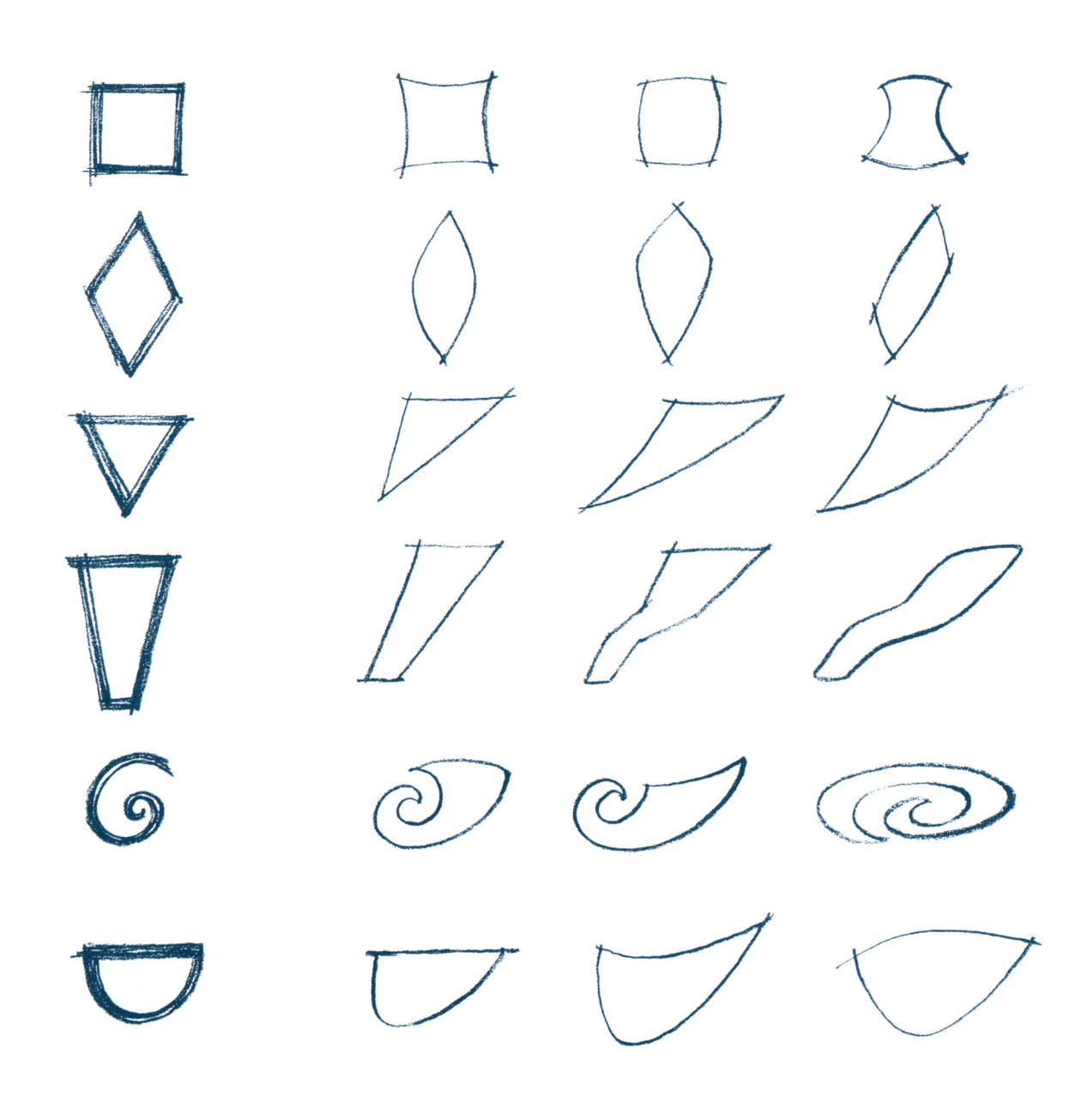

Gegenständliches, Schrift- und Fantasieformen

Einzeln können die Figuren auch als Anhänger am Hals oder – aufgelötet auf einen Silberring – als Verzierung verwendet werden. Dadurch entsteht ein Set von zusammenpassenden Schmuckstücken.

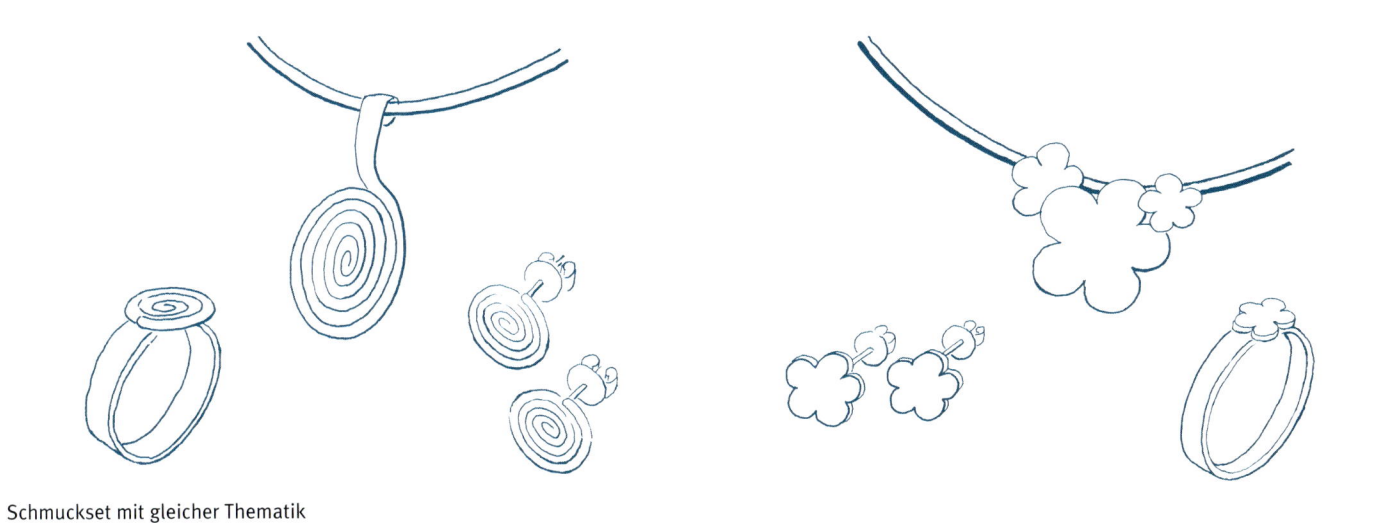

Schmuckset mit gleicher Thematik

Acryl

An Stelle von Blech können auch Acrylplatten zum Aussägen verwendet werden. Die Befestigung erfolgt mit eingeklebtem 1-mm-Draht (Zweikomponentenkleber) als Ohrsteckerstiftchen und (gekaufter) Ohrsteckermutter.

Ohrschmuck

Verformungen

- Äusserlich fertig gestaltete Ohrstecker aus Blech gewinnen an Wirkung, wenn wir sie durch Verformung weiter gestalten (Verdrehen, Auftiefen, Biegen). Dies geschieht mit Formhölzern, Kugelanken, Zangen oder von Hand. Herstellen von Linsen/Halbkugeln.
- Ausgangsmaterial für diese Formen sind kreisrunde Scheiben. Diese werden ausgesägt/ausgeschnitten oder, wenn eine entsprechende Vorrichtung vorhanden ist, gestanzt.
- Allfällige Bohrungen müssen vor dem Auftiefen ausgeführt werden. Tangentiale Sägeschnitte können auch nachträglich angebracht werden.
- Anschliessend werden die Scheiben in der Form (Holz/Kugelanken) mit einem kugeligen Gegenstück (Kugel/Treibhammer/Rundfaust) Schritt für Schritt bis zur gewünschten Form aufgetieft. (Kugelpunzen etwas kleiner wählen als entsprechende Vertiefung!)

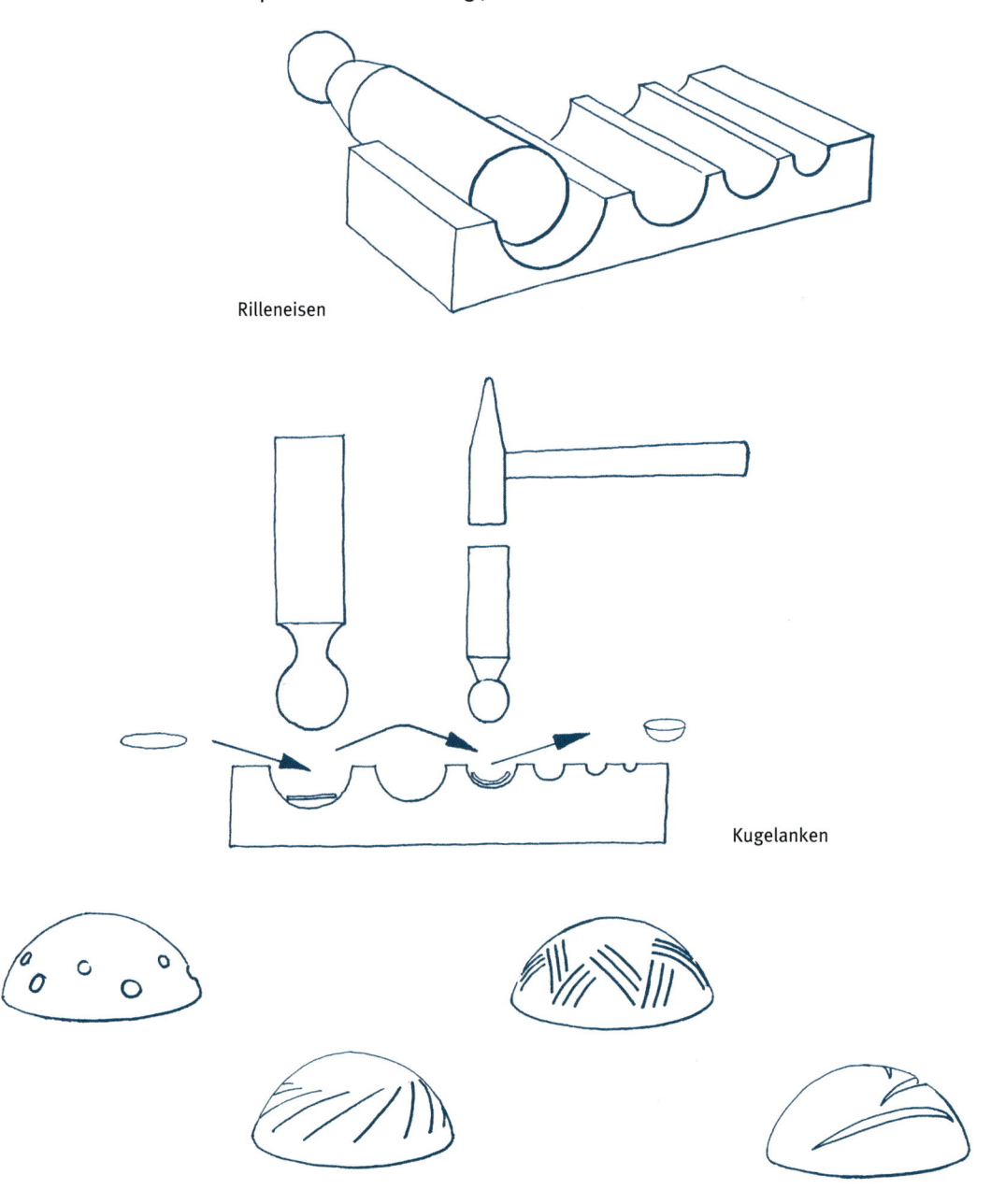

Rilleneisen

Kugelanken

Gestaltungsbeispiele

Damit bei einer Halbkugel oder Linse mit dem Tragen am Ohr durch den Rand keine Druckstellen entstehen, kann ein Plättchen als Abstandhalter eingelötet werden.

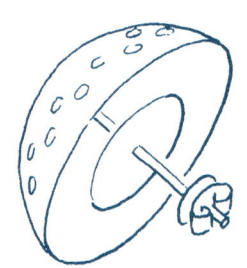

Abstandhalter

Für Fortgeschrittene
Zur Herstellung von runden Kugeln oder Linsen braucht es zwei identische Gegenstücke. Das Zusammenlöten erfordert besonderes Geschick, da sich die beiden Einzelteile infolge des beim Löten entstehenden Überdrucks (Wasserdampf) im Innern der Kugel nicht schliessen lassen. Die Kugel kann während des Lötvorgangs sogar «explodieren» oder durch zu langes Erhitzen schmoren! Abhilfe schafft in diesem Fall ein kleines vorbereitetes Loch in der einen Halbkugel.

Ohrhänger aus Acryl

Ausgangsmaterial	• Acrylrohlinge in verschiedenen Grössen und Grundformen (roh gesägt mit Kreissäge/Bandsäge). Dieses Ausgangsmaterial wird durch die Lehrkraft bereitgestellt, evtl. aus massiven Abfallstücken. • Acrylrundstäbe ø 4/6/10 mm in diversen Farben • Remaniumdraht 0,6/0,7 mm (keine Allergiegefahr) oder Silberdraht 0,8 mm zum Herstellen der Aufhängevarianten
Anmerkung	Ziel: Spurloses Schleifen und Polieren von ebenen Flächen bei Acrylglas (Hochglanz). Für ein erstes Beispiel sollten möglichst keine Leuchtfarben verwendet werden, da diese bei der Endverarbeitung heikler zu bearbeiten sind (klebt beim Schleifen und Polieren sehr schnell).
Werkzeuge, Hilfsmittel	• Schleifpapiersortiment (Körnung 60/80/100/150/220/320/400/600) • Polierwachs/Polierpaste für Kunststoff • Metallbohrer fein (ø 1/1,5 mm)/Bohrunterlage (Holz) • Schmuckzangensortiment
Einstieg	Demonstration «Schleifen und Polieren» bis zur Klarsichtigkeit. Einige fertige Schmuckbeispiele zeigen.
Praktische Ausführung	**Hauptarbeit** • Acrylrohling für Ohrhänger oder Anhänger auslesen • Flächen auf Schleifbrett/Schleifpapier möglichst eben schleifen: Systematisches Schleifen mit jeweils einem Richtungswechsel pro Kornsorte. – Jedes Schleifpapier muss die Kratzer des vorhergehenden vollständig verschwinden lassen. Das Acrylstück wird dazu mit der Hand über das Schleifpapier geführt (evtl. beidhändig).
⤑ *Techniken / Oberflächengestaltung, S. 141*	• Einzelflächen in zwei Schritten polieren: Härterer Schwabbel/weicherer Schwabbel (sofern vorhanden). Sollte sich beim Polieren zeigen, dass die Flächen «rund» geworden sind oder dass noch Kratzspuren sichtbar sind, muss die entsprechende Fläche nochmals mit dem feinsten Papier nachgeschliffen werden. • Bohrloch festlegen (mit Filzschreiber markieren). Ohrhänger direkt auf der Bohrunterlage ausrichten. Der Bohrer muss unbedingt senkrecht zur anzubohrenden Fläche stehen!

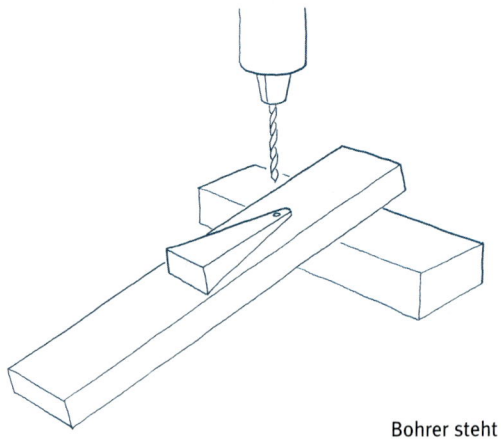

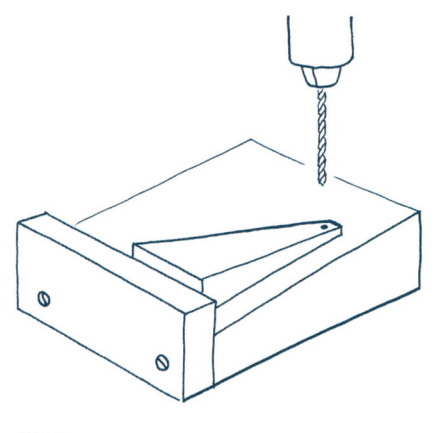

Bohrer steht senkrecht zur oberen Acrylfläche

⤳ Auf- und Anhängevorrichtungen, S. 30

- Aufhängung für Ohrbefestigung herstellen. Will man die Aufhängevorrichtungen nicht selbst herstellen, kann man diese in Bastelläden oder beim Fachhandel kaufen.

Parallelarbeit
- Einen Ohrschmuck oder Anhänger aus Acrylrundstab skizzieren/entwerfen
- Ausgangsmaterial richten: Absägen auf die gewünschte Länge, im gewünschten Winkel
- Endform herstellen (Feile/Schleifpapier)
- Schleifen/polieren
- Bohrung(en) anbringen (einzeichnen/vorstechen/bohren)

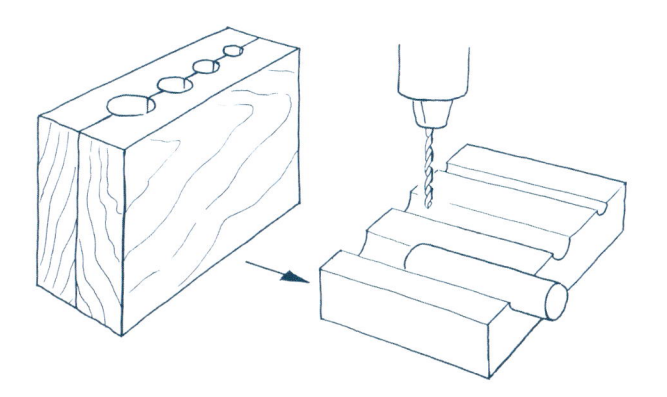

Selbstgefertigte Bohrunterlage

Achtung: Passende Unterlage verwenden. – Der Wiederaustritt des Bohrers muss unbedingt unterlegt sein, sonst bricht das Loch aus! Zum Kühlen des Bohrers kann Rindertalg, Polierpaste oder Petrol verwendet werden.

⤳ Biegen eines Schweizerhakens, S. 30
- Auf- und Anhängevorrichtung mit Schmuckzangen herstellen
- Schmuckbeispiel zusammenbauen/fertigstellen.

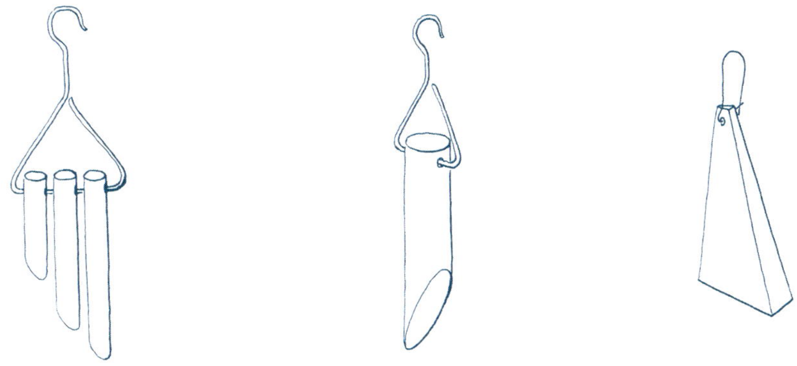

Ohrschmuck

Auf- und Anhängevorrichtungen zum Selbermachen, bzw. Kaufen)

Biegen eines «Schweizerhakens»

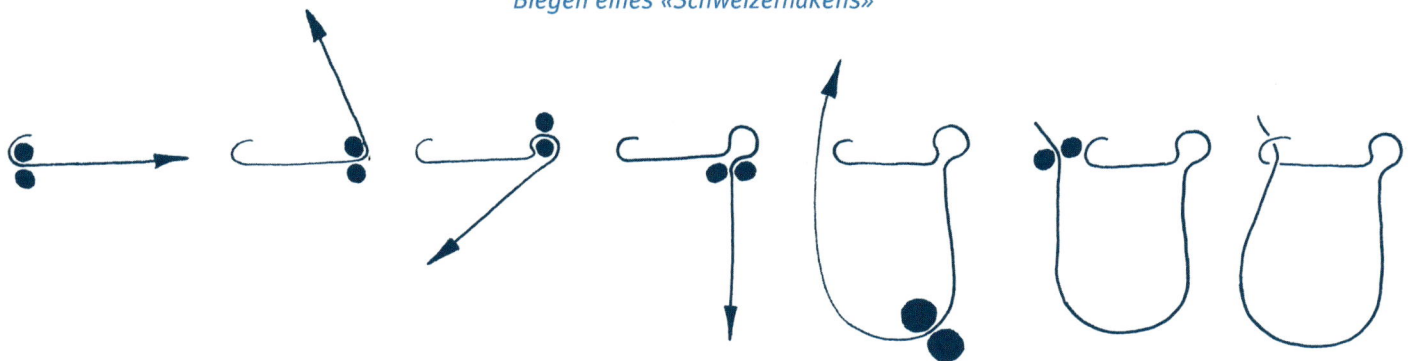

Varianten selbst gefertigter Beispiele

Ohrschmuck

Fingerringe

Fingerringe aus Acryl

Ausgangsmaterial
- Acrylglas 4/5 mm, schwarz, farblos, gegossene Qualität.

Das Ausgangsmaterial schneiden wir in Streifen von etwa 50 mm Breite. Dadurch wird das Material für die Schülerinnen und Schüler handlicher und die Ausnützung der Acrylplatten optimal.

Für spätere Varianten
- Alle Acrylglasresten sind möglich. Für Materialkombinationen verwenden wir Neusilber-, Messing- und Silberresten.
- Bleche Neusilber/Messing/Silber   0,8 bis 1,5 mm
- Runddrähte Silber   1 bis 3 mm
- Schmelzprodukte aus Neusilber/Messing/Silber (als Kügelchen oder Zufallsschmelzgebilde)
- Natürliche Produkte wie Kokos, Holz usw.
- Glimmer als Klebstoffzusatz bei Sandwichklebungen

⇢ *Techniken | Kleben, S. 151*
- Klebstoffe

Anmerkung
Als Einstieg verwenden wir bewusst schwarzes oder farbloses Acrylglas, da diese Sorten beim Bohren oder Sägen nicht kleben. Zum Schutz und zur Kühlung wird die Folie möglichst lang belassen. Schwarzes Acrylglas eignet sich vom Kontrast her auch hervorragend zum Kombinieren mit Silber.

Einstieg
- Beginn mit einfachen Grundmodellen
- Die farblosen Ringe mit Bohrungen verzieren
- Schnitte, Nuten, Schnittflächen anbringen
- Variation der Ausgangsformen der Ringmodelle

Werkzeuge/Hilfsmittel
- Reissahle, Anreissnadel, Metallzirkel
- Wasserfester Filzschreiber (fein), evtl. mit Zirkeleinsatz
- Kreisschablone aus Kunststoff
- Uhrmachersägebogen, Sägeblättchen (etwa Nr. 3)
- Kleine Metallbohrer (etwa 1 bis 3 mm) für Bohrlöcher, um das Sägeblatt für Innenkreis einzuführen
- Evtl. Astflickbohrersatz 15/16/17/18/19/20 mm
- Halbrundfeile (evtl. spezielle Ringfeile/Vogelzungenfeile) für Innenradius
- Flachfeile für die Aussenrundung
- Tellerschleifmaschine für das Formen der Aussenrundung
- Rundholz (15 mm) zum Schleifen der Innenrundung
- Korundtuch (150 bis etwa 400/600)
- Acrylpolierwachs
- Poliermaschine mit Schwabbel und Baumwollriegelbürste

Praktische Ausführung Grundmodelle

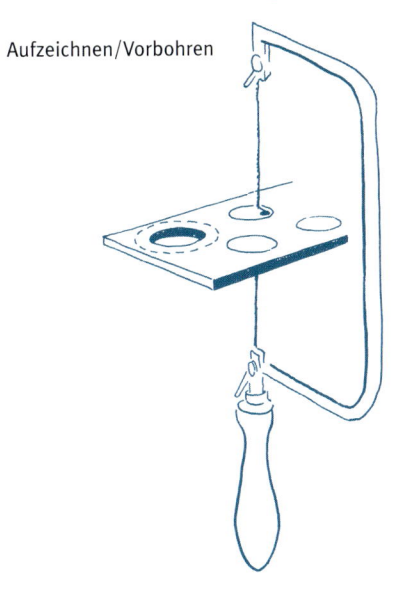

Aufzeichnen/Vorbohren

Kontrolle des Innenkreises

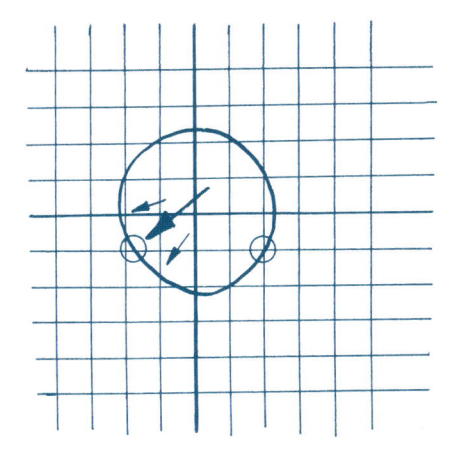

Feilen und Schleifen der Aussenrundung

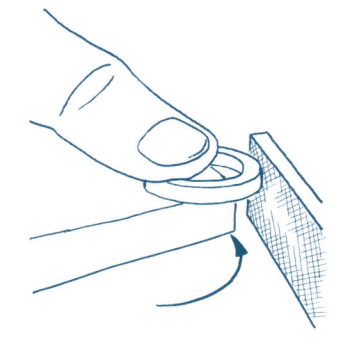

Vorgehen 1: Innenkreis sägen

Dieses Vorgehen ist angezeigt, wenn die Werkstatt nur minimal ausgerüstet ist.
- Grösse (Durchmesser) des Ringes bestimmen (anderer Ring als Massbeispiel/Ringmass/Schieblehre)
- Innendurchmesser mit wasserfestem Filzschreiber auf Acrylglas übertragen. Als Zeichnungshilfen eignen sich Kreisschablonen oder Münzen, wobei beachtet werden muss, dass beim Nachzeichnen der Rundung ein zu kleiner/zu grosser Radius entsteht.
(5-er = 17,2 mm, 50-er = 18,1 mm, 10-er = 19,1 mm, 20-er = 21,1 mm)

- Beim Aufzeichnen der Innenradien achten wir auf eine optimale Ausnützung des Acrylstreifens.
- Innerhalb des Kreises kleines Loch (2 bis 3 mm) bohren, um das Sägeblatt einführen zu können
- Sägeblatt einführen und den Bogen spannen
- Innenradius aussägen
- Innenrundung feilen, schleifen, polieren. Die Schülerinnen und Schüler kontrollieren ihre Feilarbeit mit einem karierten Papier als Hilfe selbst (siehe Zeichnung).
- Dicke des Ringes einzeichnen (Filzschreiber, mit Kreisschablone oder mit Fingeranschlag)
- Aussenrundung sägen, feilen, schleifen, polieren
- Aussenrundungen können mit geringem Aufwand an einer Tellerschleifscheibe geformt werden.

Vorsicht, es wird sehr schnell sehr viel Material abgetragen!
Die Schülerinnen und Schüler sind auch eindringlich auf die Gefahren hinzuweisen (Achtung auf die Finger!).

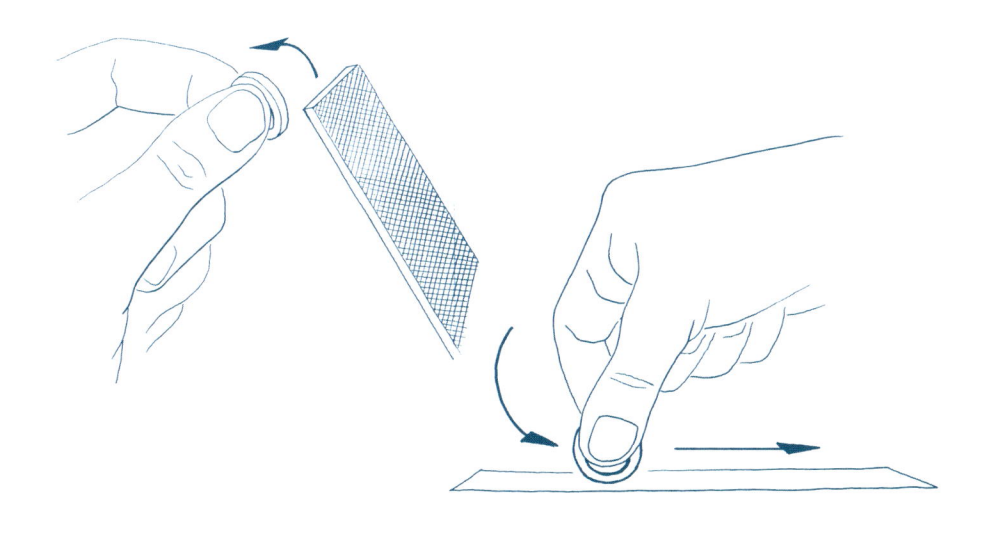

Fingerringe

⤑ *Techniken | Bohren von Acryl und Holz, S. 140*

Vorgehen 2: Innenkreis bohren
- Grösse (Durchmesser) des Ringes bestimmen (anderer Ring als Massbeispiel/ Ringmass/Schieblehre)
- Bohren des Innendurchmessers mit dem Astlochbohrer auf das zum Solldurchmesser nächsttiefere ganze Millimetermass
- Endmass optimieren mit Feile, Schleifholz und Kleinstbürste mit Baumwolle (evtl. Riegelbürste mit Baumwolle)
- Wenn der Innenradius stimmt, weiteres Vorgehen wie bei «Vorgehen»

Variationen   Formen

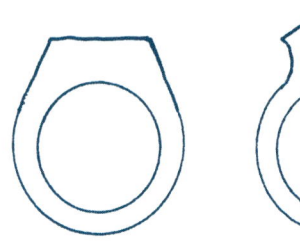

Auswahl Aussenformen

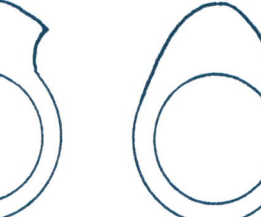

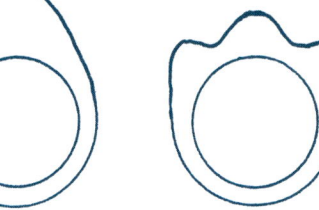

Durch die Veränderung der äusseren Form der Ringe entstehen vielfältigste Modelle. Als Erstes stellen wir die ganze Ringaussenform roh her. Erst in einem zweiten Schritt wird dem Ring das Profil (Querschnitt) gegeben.

Ringprofilvarianten

Durch verschieden starkes Runden des Ringprofils wird die Wirkung eines Grundmodells völlig verändert.
Breitere Modelle erfordern eine leicht bombierte Innenfläche (Tragkomfort).

Runden des Ringprofils (Querschnitt)

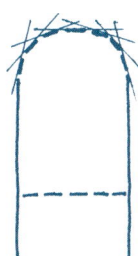

Durchsichtige oder durchscheinende Ausgangsmaterialien können zusätzlich mit Bohrungen gestaltet werden.

Materialkombinationen

Bohrungen mit Draht gefüllt

- Bohrungen mit verschiedenen Durchmessern können mit Draht desselben Durchmessers gefüllt werden. Dabei muss darauf geachtet werden, dass der Klebstoff im Loch (Zweikomponentenkleber/Sekundenkleber) nur punktuell platziert wird, damit die Luft im Loch beim Einführen des Drahtes entweichen kann. Der Draht wird erst nach dem vollständigen Versenken gedreht, um die Verteilung des Klebstoffes zu bewirken.
- Löcher nur ganz durchbohren, wenn die Materialdicke dies erfordert.

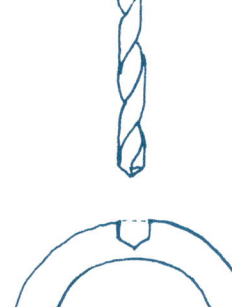

Anpassen von Drahtende und Bohrlochform
Beispiel mit Silberdraht

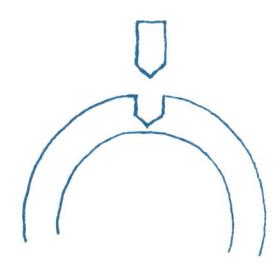

- Die Endform und die Oberflächengestaltung werden erst nach dem Aushärten des Klebers fertiggestellt.
- Beim Absägen der überstehenden Drahtstücke vorsichtig und mit feiner Sägeblattzahnung arbeiten, damit die Verklebung sich nicht löst (Hebelwirkung).

Einkleben von Strasssteinchen

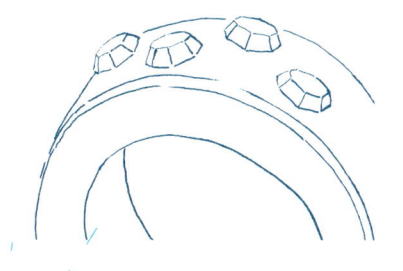

Fingerringe

- Führt man die Bohrung nur als kleine Ansenkung aus, kann man den entstandenen Trichter mit einem Strasssteinchen der entsprechenden Grösse füllen. Auf schwarzem Acryl kommt der Kontrast zwischen «Brillant» und Materialhintergrund besonders zur Geltung.

Flächen mit Blech belegt

Flächen können ebenfalls mittels Zweikomponentenklebstoff mit Blech belegt werden. Zum Aushärten fixieren wir die beiden Teile mit Teppichklebband im Schraubstock oder in einem Feilkloben.
Vorsicht, Bruchgefahr bei zu starkem Spannen!

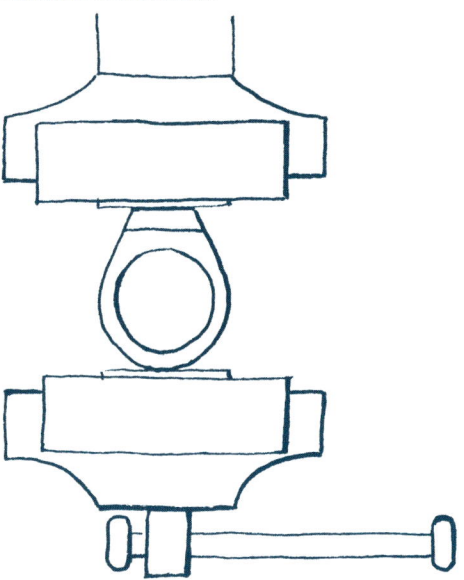

Fixation im Schraubstock

⤳ Techniken | Stiftchen setzen, S. 150

Kügelchen oder Schmelzgebilde

- Diese werden vor dem Kleben auf einen Draht gelötet. Anschliessend wird der Draht mit dem aufgesetzten Kügelchen/Schmelzgebilde in das vorbereitete Loch eingeklebt. Je nach gewünschtem Sitz wird das Loch dazu mit einem grösseren Bohrer etwas angesenkt.
  dünner Ring: Loch durchgehend
  massiver Ring: Loch = Sackloch

Kügelchen fixieren

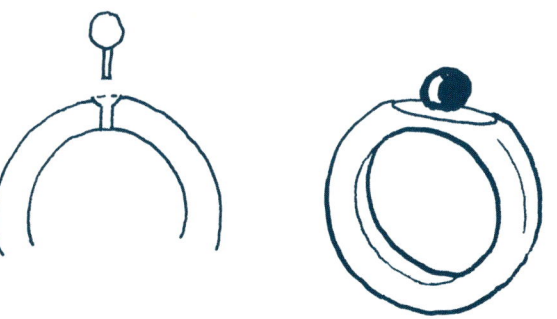

Figuren fixieren

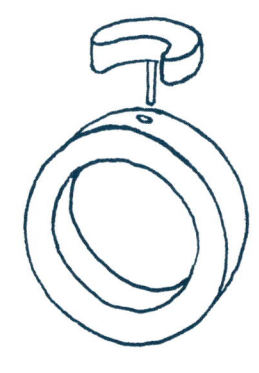

Nuten füllen

Nut mit Draht

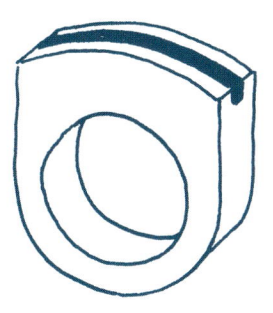

Nut mit Silberblech

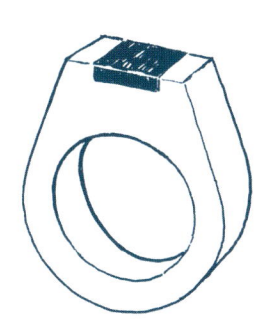

- Wer sich an genaues Feilen heranwagt, kann ausgefeilte Nuten mit Metallstreifen füllen. Diese werden ebenfalls eingeklebt. Dabei werden vorstehende Metallreste nach dem Aushärten des Klebstoffs weggesägt.

Sandwichstreifen

⤑ *Techniken | Kleben, S. 151*

- Auch verklebte Sandwichstreifen (z.B. Acryl-Metall-Acryl, Metall-Acryl-Metall oder mehrere Schichten verschiedenfarbiges Acryl) eignen sich als Ausgangsmaterial für Fingerringe. Die Schülerinnen und Schüler können unter den durch die Lehrkraft bereitgestellten Sandwichstreifen (= Rohmaterial) auswählen.
- Es ist darauf zu achten, dass neben der Ästhetik immer auch die praktische Tragbarkeit gewährleistet ist (Breite und Dicke des Ringes beachten).
- Je breiter der Ring, desto grösser (lockerer) das Ringmass, um das Festsaugen/Schwitzen zu verhindern. Dies ist nicht nur unangenehm, es könnte auch die Bildung von Ausschlägen und Ekzemen begünstigen.

Acryl-Acryl-Acryl
Schichten liegend

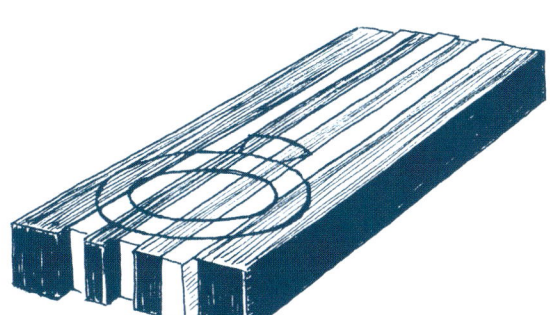

Schichten stehend, Rohling

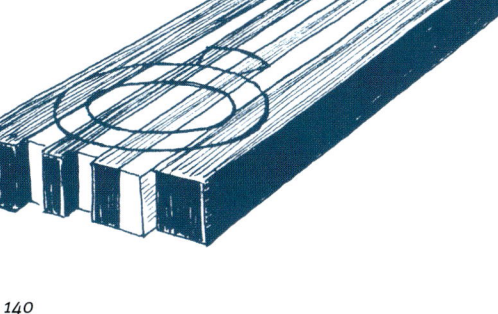

Schichten stehend, ausgesägt

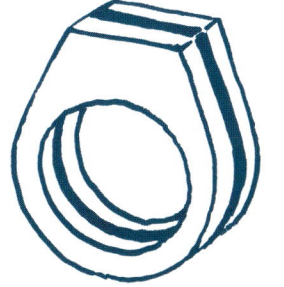

Direktbohrung mit Astlochbohrer
⤑ *Techniken | Bohren von Acryl und Holz, S. 140*

Acryl-Silber-Acryl
Kleines Loch bohren, Innenrundung sägen
(Silberblech nie mit Astlochbohrer bearbeiten!)

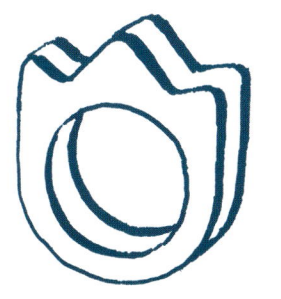

Silber-Acryl-Silber
Kleines Loch bohren, Innenrundung sägen

- Die Zusammenstellung der Schichtungen wird vor dem Verkleben hinsichtlich Farbwirkung überprüft.
- Mit Metall kombiniertes Sandwichmaterial kann infolge der starken Erwärmung beim Schleifen nur bedingt an der Tellerschleifmaschine geformt werden. Bei zu starker Überhitzung zersetzt sich der Klebstoff und die verklebten Schichten lösen sich dadurch wieder.
Alternative: Feilen und schleifen von Hand (→ S. 37, unten)

Glimmer als Gestaltungselement

Unreinheiten bei Klebstellen können vermindert/aufgehoben werden, indem man beim Mischen des Zweikomponentenklebers etwas Glimmer beimischt. Dies kommt besonders bei klarsichtigem Acryl zur Geltung.

Acryl/Corian

Als Alternative zu Acrylglas kann auch Corian verwendet werden. Allerdings zeigt sich Corian bei der Verarbeitung im Allgemeinen brüchiger und damit heikler als Acryl; darum sollten daraus keine zu feinen Formen gestaltet werden.

Beim Polieren von Corian ist besonders auf eine saubere Schwabbelscheibe zu achten, da sich dunkle/schwarze Verschmutzungen ins Corian einschmelzen können.

Zum Verkleben von Corianschichten untereinander oder von Silber-Corian-Kombinationen (Sandwichmaterial), kann an Stelle von Zweikomponentenkleber auch Sekundenkleber verwendet werden. Für Verklebungen von Corian ist in den Lieferbetrieben ein besonders geeigneter «Filler» (Zweikomponentenkleber) erhältlich.

Acryl/Corian/Holz

An Stelle von Corian oder Acryl lässt sich für alle Varianten der Ausführung auch Holz verwenden. Dafür eignen sich besonders harte Hölzer mit schönen Zeichnungen. Olivenholz und schwere Tropenhölzer sind ölhaltig und eignen sich gut zur Verarbeitung als Fingerringe, da sie die Feuchtigkeit der Finger kaum aufnehmen.

Verklebt man solche Hölzer mit Metallen, so sind die Klebflächen des Holzes vor dem Zusammenfügen mit einem Lösungsmittel (z. B. Aceton) gut zu reinigen.

Anmerkung «Kleben»

⤳ *Techniken | Oberflächengestaltung, S. 144*

- Klebstellen von Acrylschichten sind oft leicht aufgeweicht. Dadurch können beim Polieren rasch Rillen entstehen.
- Beim Polieren von kombinierten Ringen (Acryl-Buntmetalle/Silber) verfärben sich die Polierscheiben, Riegelbürsten und Polierrädchen schwarz. Diese Verfärbung ist normal und ermöglicht auch bei klarem Acryl trotzdem gute Polierresultate.
- Es empfiehlt sich, für das weichere Material (z. B. Acryl) eine Polierpaste zu verwenden. Diese ist auch gut geeignet für Metalle wie Kupfer, Neusilber, Messing und Silber.

Fingerringe aus Blech (offene Formen)

Ausgangsmaterial Silberblech 0,8 bis 1 mm
Zuerst in Messing ausführen, da viele Resten entstehen!

Einstieg Entwerfen – Gestalten – Entwickeln
Aus Halbkarton (Fotokarton, Papier für technisches Zeichnen) werden 10 mm breite Streifen geschnitten, welche etwa 1 cm länger sind als der Umfang des gewählten Fingers.

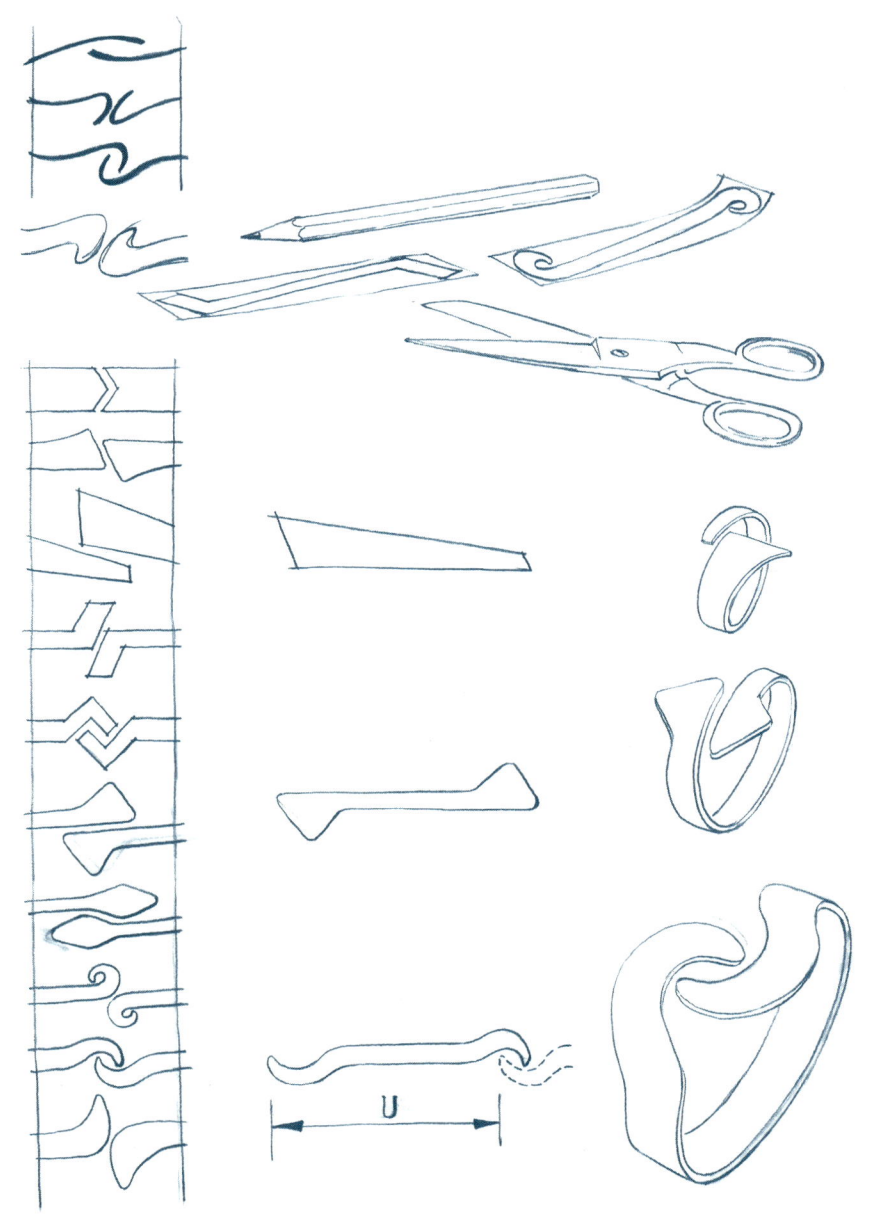

Halbkartonmodelle

Die Entwurfsarbeit besteht darin, zeichnerisch nach verschiedenen Möglichkeiten zu suchen. Ziel: Sich begegnende, sich Antwort gebende Enden (siehe Zeichnung). Gewählte Form auf Halbkarton übertragen und ausschneiden. Wirkung des Modells am Finger überprüfen, Länge des Ringes der Fingerdicke anpassen, eventuelle Überlappung etwa 1 cm.

Praktische Ausführung	Schablone auf Silberplättchen legen und der Form mit dünnem, wasserfestem Filzstift nachfahren (bestmögliche Ausnützung der Blechfläche).
	Sägen
┈┈▸ *Techniken	Sägen, S.135*	Form aussägen, Korrektur der ausgesägten Form durch Feilen, Schleifen und Polieren der Kanten
	Oberflächen
┈┈▸ *Techniken	Oberflächengestaltung, S.142*	Flächen wahlweise polieren, schleifen, kratzen, schlagen
	Formen
	Biegen von Hand oder mit Kunststoffhammer auf Riegel oder Rundstab, anpassen an Fingerdicke
	Ebenen und Wölbungsradius müssen übereinstimmen.
Variante	Gehämmerte Bleche:
	1. Abhämmern
	2. Schablone übertragen
	3. Aussägen
Anmerkung	Neben der Beachtung der formalen Aspekte werden die Ringmodelle auch auf die Funktion überprüft:
	• Druckstellen durch scharfe Kanten/Formen vermeiden
	• Hängenbleiben an Textilien durch exponierte spitze Endformen verhindern
	Platzsparendes Aufzeichnen der Ausgangsformen gewährleistet eine optimale Materialnutzung.

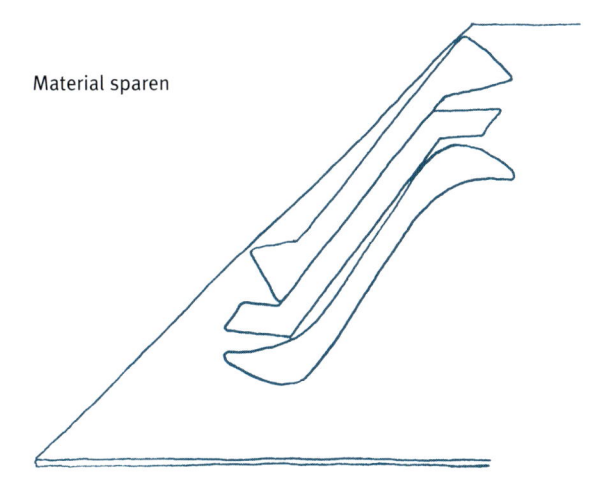

Material sparen

Durch die Vorgabe «sich begegnende Enden» werden gewisse Schülerinnen und Schüler in ihrer Kreativität eventuell unnötig eingeschränkt. Es ist deshalb immer gründlich abzuwägen, wie eng der Rahmen für eine Aufgabenstellung gesteckt werden soll.

Fingerringe

Fingerringe aus Blech (geschlossene Formen)

Ausgangsmaterial
- Kupfer-, Messing- und Silberblech 1/1,2 mm
- Streifen von etwa 4 bis 5 mm Breite in ausreichender Länge (etwa 70 mm) oder Mehrfaches davon (z. B. 210 mm), vorgeschnitten

Anmerkung
- Ringgrössen können mit einem Ringspiel genau abgelesen werden, indem man am Finger ausprobiert, welcher Ring am besten sitzt. Das abgelesene Resultat entspricht dem Ringinnendurchmesser (d) oder/und dem Umfang.
- Formel für die Berechnung der Blechlänge (für Ringschiene):
  (Innendurchmesser [d] + Materialdicke [D]) × π = Länge
  z. B. (17,3 mm + 1,2 mm) × 3,14 = 58,09 mm

Diese Arbeitsweise wird in «Vorgehen 1» beschrieben.

- Einfacher lässt sich die Ringgrösse bestimmen, indem wir die Ringschiene von Hand (Zange flach/halbrund) formen und direkt am Finger anpassen.

Diese Arbeitsweise wird in «Vorgehen 2» beschrieben.

Werkzeuge, Hilfsmittel

Ringspiel

Vorgehen 1 – *Im Voraus berechnete Länge*
- Ringspiel (evtl. auch Massschablone aus Versandkatalog)

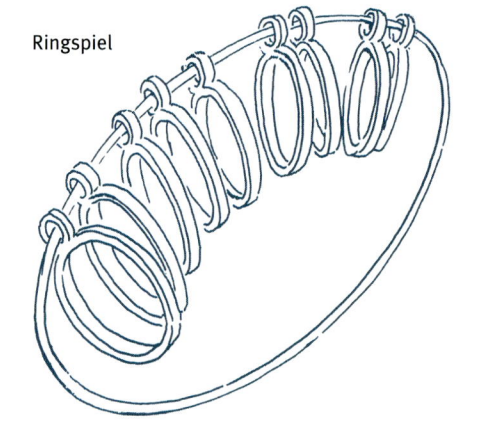

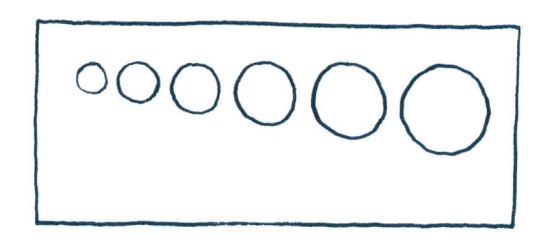

Massschablone

- Ringriegel (zum Runden der Ringschienen), evtl. Runddorn
- Dünne Nadelfeile (flach) mit feinem Hieb (für Nachkorrektur, zum Anpassen der Lötstelle)

Vorgehen 2 – *Grösse direkt am Finger angepasst*
- Schmuckzange flach/halbrund
- Ringriegel (evtl. Runddorne, z. B. ø 16 mm)
- Dünne Nadelfeile (flach)

Zur Fortsetzung der Arbeiten *(beide Vorgehensweisen)*
- Ringfeile flach/halbrund oder Vogelzungenfeile; ersatzweise kann mit runden Schleifhölzern und Schleifplatten gearbeitet werden.
- Korundtuch (220/320/400)
- Diverse Nadelfeilen zum Feilen von Nuten
- Feiner, wasserfester Filzschreiber
- Evtl. Winkelschablonen aus Karton zum genauen Einzeichnen von Schnitt- oder Nutlinien

Praktische Ausführung   Vorgehen 1 – *Im Voraus berechnete Länge*
- Als Probestück wird zuerst ein Ring aus Messing (Kupfer) hergestellt.
- Blechstreifen auslesen (Breite der Ringschiene)
- Ringgrösse (Länge des Blechstreifens) mit dem Ringspiel bestimmen
- Individuelle Länge mit Massstab und Filzstift anzeichnen
- Rechter Winkel mit Hilfe des Metallwinkels auf der Richtplatte
- Länge sägen an rechter Kante des Feilholzes
- Schnittstelle feilen an Feilholz mit senkrecht gehaltener Feile
- Blechstreifen evtl. mit Klebband rechtwinklig fixieren

Sägen   Feilen

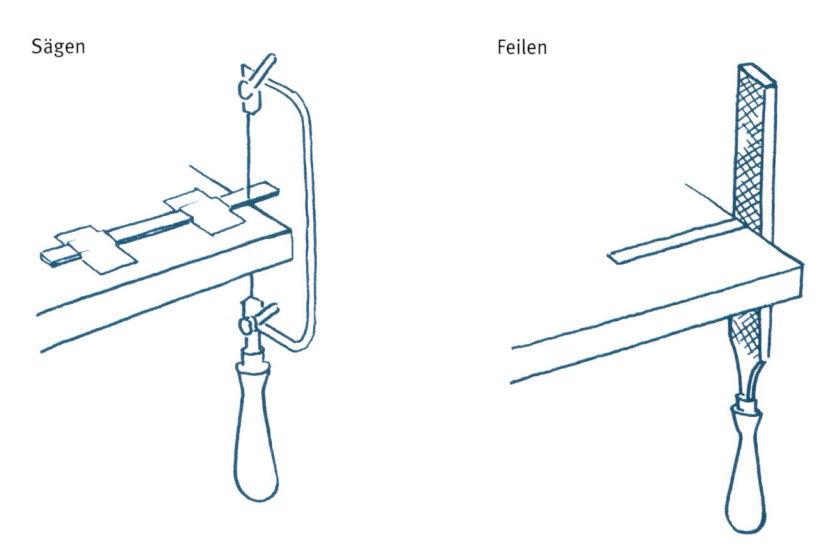

- Ab hier Fortsetzung analog bei Vorgehen 2

- Ringschiene auf Riegel (oder Runddorn) mit Kunststoffhammer runden
- Ringschiene zum Lösen der Spannungen ausglühen. (Dies verhindert ein allfälliges Öffnen des Lötspaltes während des Lötvorganges.)
- Ringschiene abbeizen
- Ringenden überspannen und Enden möglichst genau aufeinander anpassen

Lötnaht korrigieren und anpassen

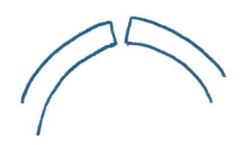

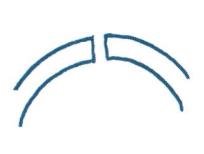

Überspannen

Falsch   Richtig   Anpassen und Richten durch Überspannen 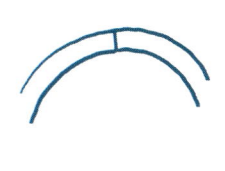   Vor dem Löten

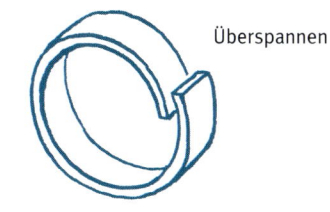

Fingerringe

Allfällige Korrekturen mit dünner Nadelfeile (flach) auf Feilholz oder mit zusätzlichem Sägeschnitt durch die Nahtstelle.

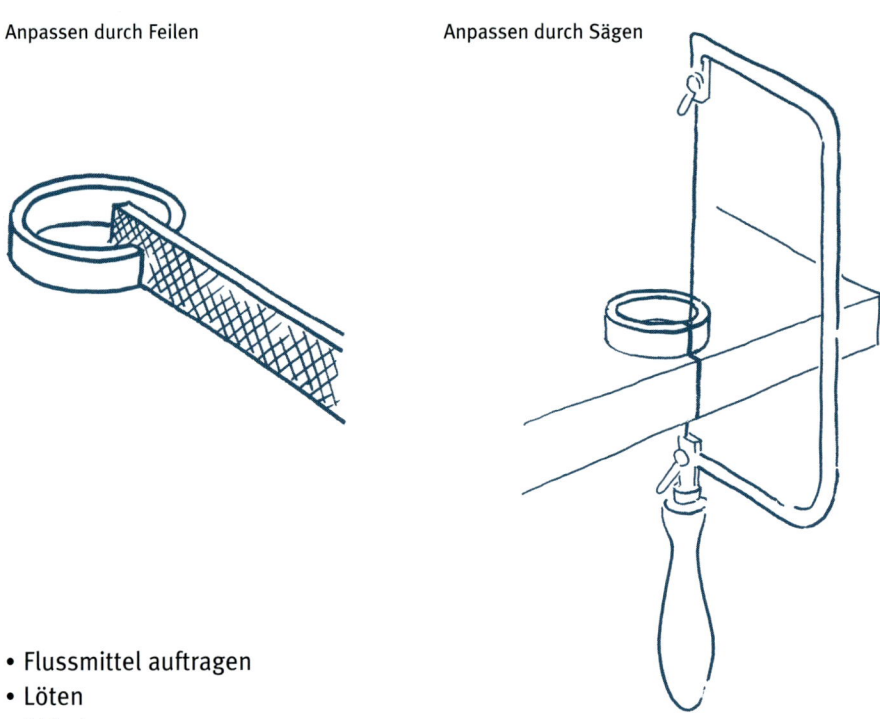

Anpassen durch Feilen

Anpassen durch Sägen

⤑ Techniken | Löten, S.147
⤑ Techniken | Oberflächengestaltung, S. 143

- Flussmittel auftragen
- Löten
- Abbeizen
- Ring richten auf Ringriegel (evtl. Runddorn) mit Kunststoffhammer. Ring während des Rundens mehrmals wenden

Runden am Ringriegel

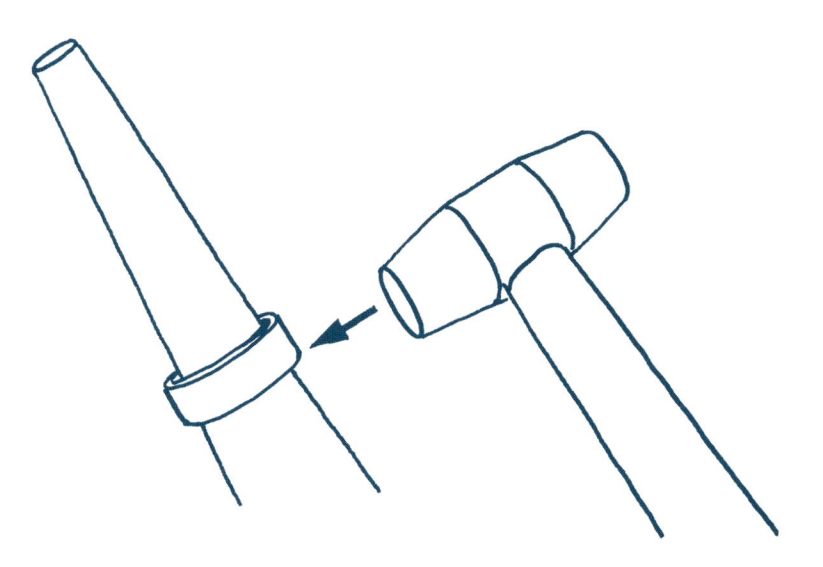

- Evtl. Ringvergrösserung mit Silberschmiedehammer auf Dorn oder Ringriegel

⤏ *Techniken | Löten, S.148*

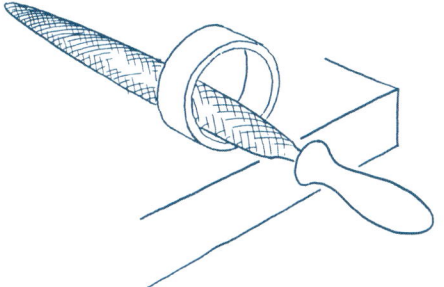

- Innenrundung von Lotresten säubern: Feilen, schleifen, polieren
- Aussenrundung feilen (evtl. Lotreste entfernen), schleifen, polieren. Dies kann auf verschiedene Weise ausgeführt werden.
- Zum besseren Erkennen von Lotresten kann der Ring mit weicher Flamme erhitzt werden, bis die Anlauffarben entstehen. Lotreste erscheinen als gelbe Flecken. Diese werden mit der Feile abgetragen und anschliessend mit Schleifhölzern verputzt.

Lotreste innen entfernen

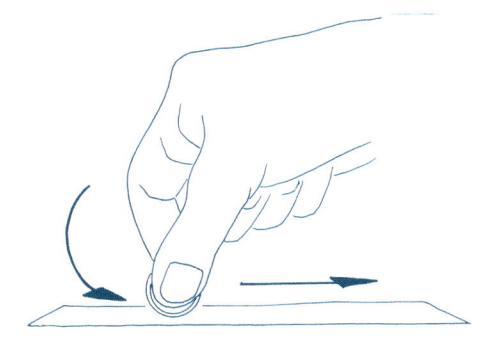

Lotreste aussen entfernen

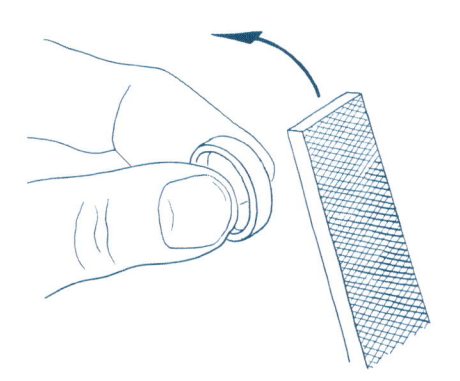

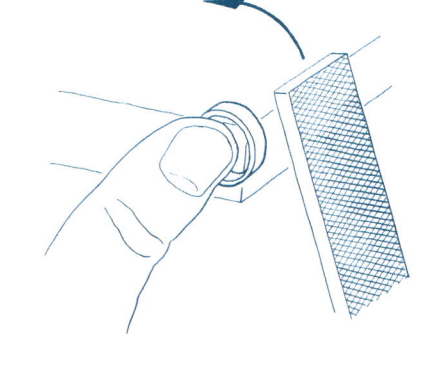

Anmerkung Durch Weisssieden lässt sich beim Silberschmuck die Wirkung steigern (intensiveres Weiss). Will man den Silberschmuck hochglänzend, genügt eine kurze Nachpolitur von Hand oder mit einer weichen Polierbürste an der Poliermaschine.

Vorgehen 2 – *Ringgrösse direkt am Finger angepasst*
- Wir beginnen mit dem ganzen Blechstreifen, ohne ihn vorher abzulängen. Allerdings brechen wir vorgängig die Längskanten, damit wir uns beim Anprobieren nicht schneiden.
- Biegen eines Halbkreises mit der Schmuckzange flach/halbrund. Grösse am Finger kontrollieren.

Biegen mit Zange   Kontrolle am Finger

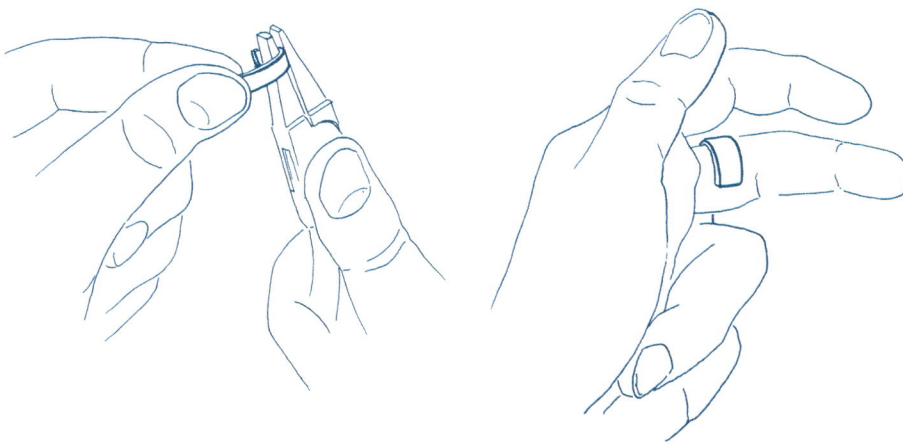

Fingerringe

51

- Wenn die Grösse stimmt, regelmässig weiterbiegen, bis ein Vollkreis entsteht (Ende deutlich überlappend).
- Grösse am Finger nachkontrollieren
- Sägeschnitt durch beide (satt anliegenden) Bleche. Auf diese Weise stimmt die künftige Lötstelle praktisch ohne Nachkorrektur.
- Allfällige Korrektur auf dem Feilbrett mit dünner Nadelfeile (flach)

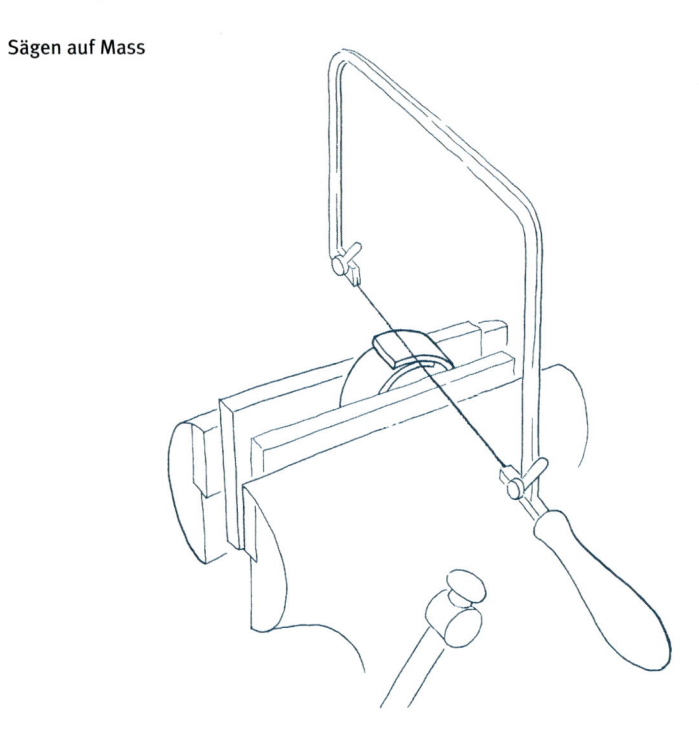

Sägen auf Mass

- Ab hier folgen dieselben Arbeitsgänge wie beim Vorgehen 1.

Variante I

⇢ *Techniken | Oberflächengestaltung, S.143*

Sägen, Nuten, Bohren

Durch Anbringen von Sägeschnitten oder Nuten (allenfalls geschwärzt) oder durch Bohrungen kann der Fingerring gestaltet werden. Nuten können zuerst als Sägeschnitt ausgeführt und anschliessend mit einer Nadelfeile verbreitert werden. Sägeschnitte werden am besten mit einer Kartonschablone auf die Ringschiene übertragen. Dabei wird der Ring mit einem Klebband fixiert.

Übertragen/Einzeichnen mit der Kartonschablone

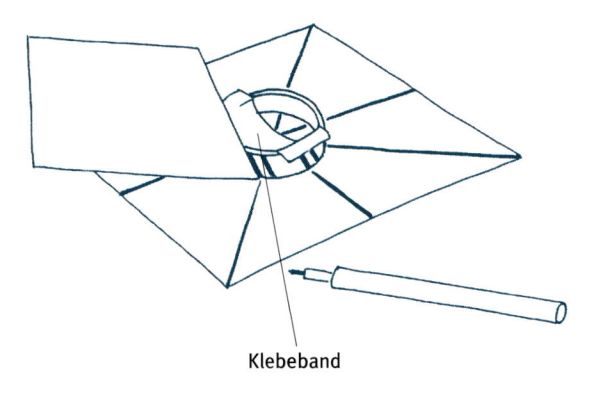

Klebeband

Körnern auf dem Runddorn

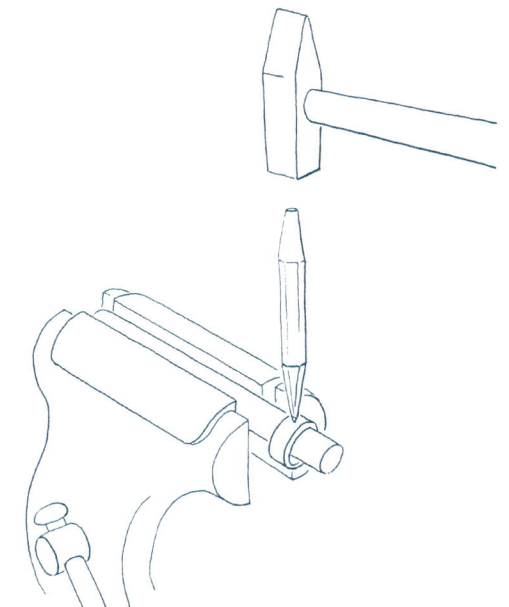

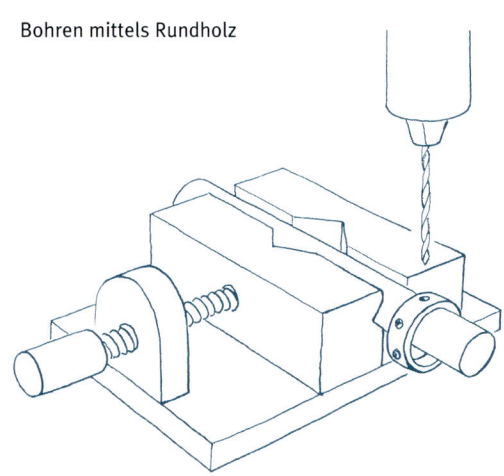

Das Bohren auf einer Rundung ist heikel und braucht viel Feingefühl, damit der Bohrer nicht abrutscht. Am einfachsten funktioniert es mit Partnerarbeit.
Angesenkte Bohrlöcher werden auf Grund der Ringrundung nie kreisrund! – Bohren wir das Blech vor dem Formen des Ringes an, erzielen wir ein regelmässigeres Bild (⤑ im Voraus berechnete Länge). Generell empfiehlt es sich, die Löcher durchgehend zu bohren.

Bohren mittels Rundholz

Oberflächengestaltung:
Feilen, Kratzen, Schlagen, Schleifen, Hämmern, Punzen usw.
Länge und Breite des Bleches für die Ringschiene werden erst nach dem Hämmern (Treibhammer/Hammerfinne) oder Punzen gerichtet, da sich sowohl die Länge wie die Breite des Materials durch den Arbeitsgang vergrössern. Aus demselben Grund wird hier auch erst nachher gelötet.

Sägeschnitte, gefeilte Nuten, Bohrungen, Punzenmuster

Variante II *Ringrand bearbeiten*
Der äussere Rand der Ringschiene kann mittels Feilen, Sägen, Schmoren verändert werden. Dadurch ergeben sich sehr individuell gestaltete Ringe.

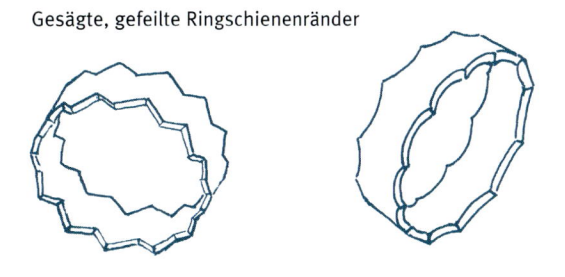

Gesägte, gefeilte Ringschienenränder

Fingerringe

Variante III *Kombinationen*
Ringschienen verschiedenster Breiten können als Träger zusätzlicher Schmuckelemente weiter verwendet werden. Kombinationen mit Silber, evtl. Buntmetallen: Kügelchen, Schmelzprodukte, speziell gestaltete Schmuckteile, Fassungen.

Vorgehen bei zwei oder mehr Lötstellen:
⋯⋯> *Techniken | Löten, S. 146*

Aufgelötete Elemente, Figuren, Embleme

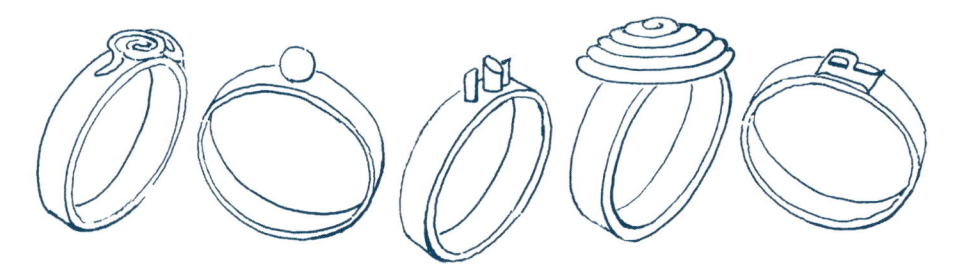

Kombinationen mit Holz, Acryl, Naturprodukten
Für diese Materialkombinationen eignet sich in den meisten Fällen die Verbindung mit auf der Ringschiene aufgelöteten Silberstiftchen (Ag-Draht ø 1mm). Die ergänzenden Schmuckelemente aus metallfremden Materialien werden angebohrt und anschliessend auf dem Stiftchen festgeklebt.

⋯⋯> *Techniken | Stiftchen setzen, S. 150*

Kombinationen mit metallfremden Materialien

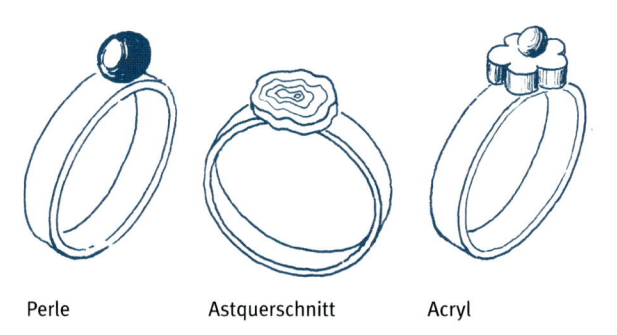

Perle   Astquerschnitt   Acryl

Variante IV *Schichtlötungen (zwei oder mehrere Bleche)*
Zwei oder mehrere Bleche werden aufeinander gelötet. Dadurch wird eine Stufen- oder Reliefwirkung erzeugt.

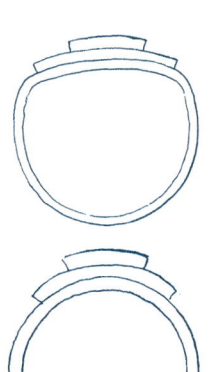

Beispiel «Stufen»
Schichtlötung vor dem Runden/Formen des Ringes
Die vorgängig zum Runden verlöteten Schichten sind stabil geworden und lassen sich deshalb nicht mehr gleich rund formen wie der Rest des Ringes. – Es entsteht ein leicht abgeplatteter Ring.

Schichtlötung mit Elementen, welche an die Rundung des fertigen Ausgangsringes angepasst werden.
Mit dieser Methode bleibt der Ring kreisrund. Anpassen der Einzelelemente:
- Runden im Formholz (Rilleneisen) mit Runddorn und Hauthammer (Kunststoffhammer)

Beispiel «Relief»
Material: Silberbleche bis etwa 0,8 mm Dicke
Methode: Im Voraus berechnete Länge ···⟩ S. 48

- Eine Reliefwirkung erzeugt man durch das freie Auftrennen eines Blechstreifens (der Länge nach) mit der Uhrmachersäge. Wir achten darauf, dass die Sägeschnitte beim Beginn und beim Ende des Bleches in der Position aufeinander passen. Die beiden Teile werden parallel auf einen zweiten Blechstreifen aufgelötet. Die Breite des unteren Bleches hängt von der Breite der geplanten Nut ab.

···⟩ Techniken | Löten, S. 149

- Das Lot wird dabei vorgängig auf die beiden aufgesägten Blechhälften aufgeschwemmt: Um die Lote im Voraus am richtigen Ort zu haben, verteilen wir die Lotportionen regelmässig auf dem Blech. Anschliessend heizen wir das Blech langsam bis zum Anfliessen/Verfliessen aller Lote. Nach dem Verlöten und Abbeizen der Bleche formen wir diese zu einem Ring, passen die Enden (Lötnaht) genau an und verlöten den Ring in einem zweiten Lötvorgang (mit einem Lot von niedrigerem Schmelzpunkt). Nun erst wird der Ring nochmals genau gerundet (Ringriegel/Kunststoffhammer) und fertig verarbeitet. Die Schwarzfärbung der entstandenen Nut erhöht die Wirkung.

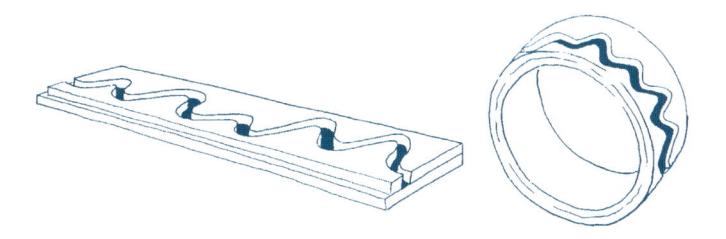

···⟩ Techniken | Verschiedene Oberflächen, S. 143

- Statt das ganze obere Blech mit der Säge aufzutrennen, können wir beim Blech einzelne Ausschnitte heraussägen. Dazu bohren wir das Blech an verschiedenen Stellen durch, um nachher das Sägeblatt einführen zu können. Die abstrakten oder figürlichen Muster können nach dem Fertigstellen mit Oxydbeize schwarz eingefärbt werden.

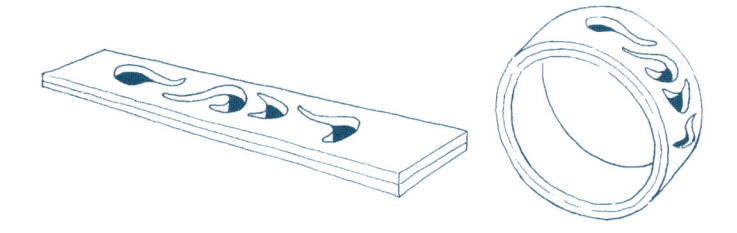

- Massivere Ringe (z.B. zwei Bleche ab etwa 0,8 mm Dicke) mit Reliefwirkung können hergestellt werden, indem wir in den äusseren (verzierten) Ring einen zweiten Ring genau einpassen und die beiden Ringe anschliessend miteinander verlöten.

Fingerringe

Fingerringe aus Runddraht (offene Formen)

Ausgangsmaterial	Runddraht Kupfer, Messing und Silber, weiche Qualität Durchmesser: 1,5 bis 5 mm Runddraht Kupfer ø 1 mm, zum Massnehmen
Anmerkung	Die Buntmetalle werden für Modelle verwendet. Da vor allem Kupfer und Messing rasch oxydieren, lohnt sich die Ausführung der definitiven Ringe in Silber. Bei dünneren Ringen (ø 2 bis 3 mm) arbeiten wir mit Fertigmassen (Drahtlänge vorgängig bestimmt und abgeschnitten). Bei grösseren Durchmessern fertigen wir zuerst eine Spirale an, von welcher wir anschliessend die gewünschte Länge wegsägen.
Einstieg	Beginn mit 1,5-mm- und 2-mm-Drähten (Ms oder Cu als Übungsmaterial): Runden der Ringe mit der Flach/Halbrundzange. Enden jeweils überlappend, verschieden gestaltet. Ausführung der gelungenen Modelle in Silber.
Werkzeuge/Hilfsmittel	• Schmuckzangen flach/halbrund und flach/rund • Runddorne (Ringriegel) für das Richten der Rundung, evtl. für das Herstellen einer Ringspirale als Ausgangsmaterial • Kunststoffhammer für Richtarbeiten (mit Ringriegel) • Feilen (feiner Hieb), Schleif- und Poliermittel • Wasserfester Filzschreiber (fein) Zusätzlich für massivere Ringe: • Uhrmachersäge • Holzkeile zum Aufspalten von Ringspiralen (Mehrfachwindungen) vor dem Aufsägen • Dünne Resten von Kupferblech (etwa 0,5 mm dick) als Sicherheitszwischenlage beim Sägen • Hartholzvierkant und Schmiedehammer für Richtarbeiten
Praktische Ausführung	**Schmale Ringe** Silberdraht ø 1,5 bis 2 mm *Variante I* (Endmass des Ringes = etwa 130 mm) Einfaches Modell: Spirale mit gerundeten Enden • Draht gerade richten: Von Hand/mit Kunststoffhammer auf Richtplatte (Papierunterlage!) • Enden feilen und schleifen • Ein Ende mit Kunststoffhammer an Runddorn runden • Gerundetes Ende (mit Kartonzwischenlage!) in Schraubstock spannen • Von Hand um Runddorn winden • Ende mit Holz an Dorn schlagen, mit Kunststoffhammer nachrichten • Grösse und Rundung auf dem Ringriegel anpassen • Oberflächen nachbearbeiten

Einspannen und Runden

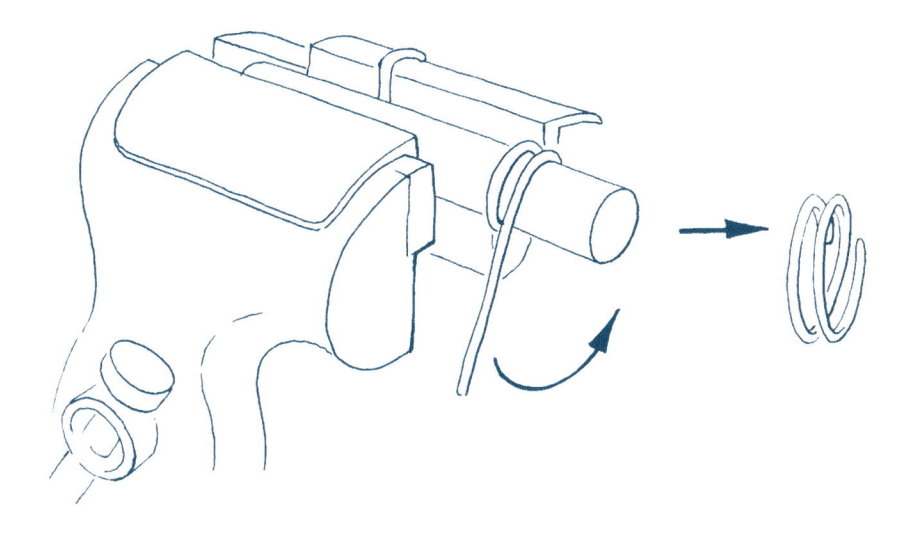

Variante II (Endmass des Ringes = von Modell abhängig)
- Mass mit dünnem Draht (grob vorgeformt) feststellen
- Endform des Ringes festlegen
- Draht ablängen: Länge = Fingerumfang + vorgesehene Überlappung

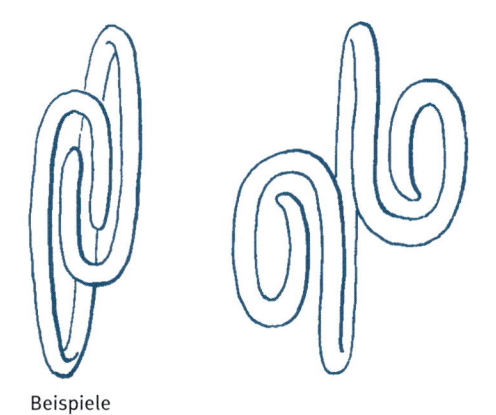

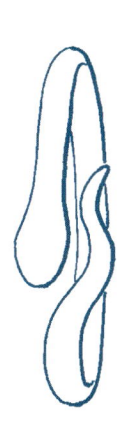

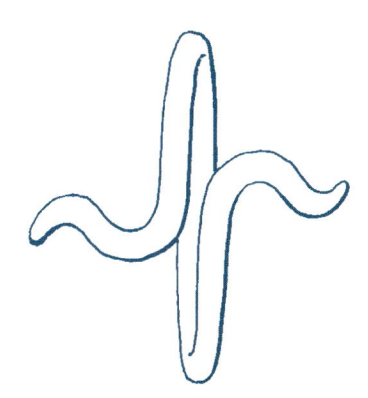

Beispiele

- Gestaltung der Ringenden: rund/mit Flächen/gehämmert (= verbreitert/z.B. Schlangenkopf)
- Grobe Ringform mit der Zange biegen, Enden überlappend, noch nicht eng geschlossen (Weiterarbeit!)
- Oberflächengestaltung: z.B. Schlagen (Schlagbürste), Polieren
- Ring auf Fertigmass und Fertigform biegen, mit Ringriegel nachrunden (evtl. Runddorn)
- Oberflächen nachbehandeln

Fingerringe

Variante III (Absägen des Ringes von Ringspirale)
- Um Material zu sparen und die Arbeit zu vereinfachen, drehen wir mit dem Draht zuerst eine Spirale (vor allem bei massiveren Drähten aus Messing oder Silber). Dazu verwenden wir einen Stahlrunddorn ø 16 mm.
- Nun legen wir die Länge, die Art der Überlappung und die Form der Ringenden fest. Dies markieren wir mit einem wasserfesten Filzschreiber.

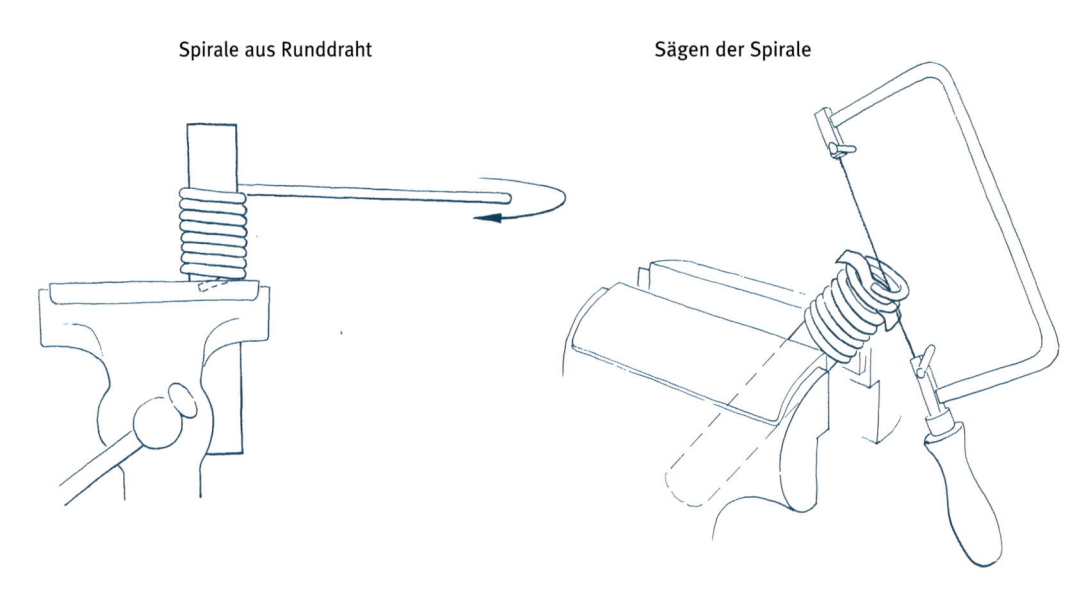

Spirale aus Runddraht   Sägen der Spirale

- Um den Ring ohne unbeabsichtigte Beschädigung des Runddrahtes wegsägen zu können, treiben wir die Windungen vorgängig mit einem Holzkeil auseinander (aufspalten). Hierauf wird der Ring mit einem schmalen Kupferstreifen zusätzlich geschützt.
- Nun wird die Ringspirale im Schraubstock (Aluschutzbacken) vorsichtig aufgesägt.
- Gestaltung der Ringenden: rund/mit Flächen/gebogen/auslaufend
- Oberflächengestaltung: z.B. Schlagen (Schlagbürste), Polieren
- Ring auf Fertigmass und Fertigform biegen, eventuell mit Ringriegel nachrunden (evtl. Runddorn)
- Oberflächen nachbehandeln

Massive Ringe
Silberdraht ø 3 bis 5 mm
Ringe aus massivem Runddraht werden nach Variante III (Biegedorn/Rundstahl) geformt: Weniger Kraftaufwand/weniger Abfall.

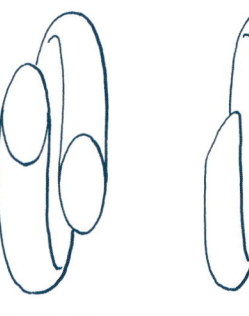

Massive Ringe

Vergrössern des Ringes

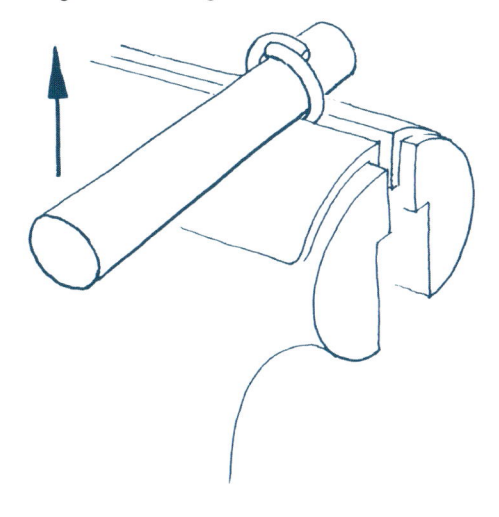

Vergrösserung der Rohlinge (Spiralenabschnitt)
- Der Ring wird mit Alubacken im Schraubstock fixiert.
- Mit einem kleineren Biegedorn kann in die Öffnung eingefahren und der Ring mit dem Hebelprinzip leicht ausgeweitet werden.
- Zum Nachrunden verwenden wir wieder den Ringriegel.

Verkleinerung der Rohlinge (Spiralenabschnitt)
- Der Ring wird auch hier zuerst knapp im Schraubstock fixiert.
- Nun wird der Radius mittels Schlagholz und schwerem Schmiedehammer leicht geschlossen. Dabei achten wir darauf, dass die Rundung möglichst gleichmässig bleibt: Evtl. Schlagrichtung anpassen oder Ring tiefer einspannen.
- Nach dem Verkleinern wird die Rundung auf dem Ringriegel wieder ausgeglichen.

Verkleinern des Ringes

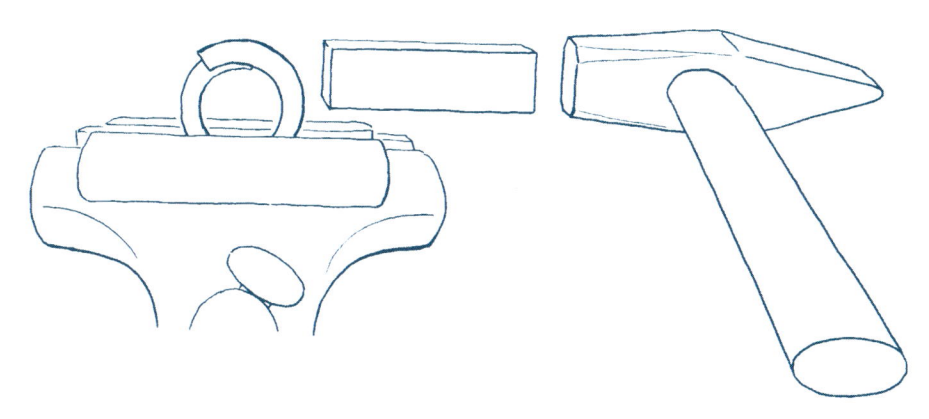

- Die Fortsetzung der Arbeiten nach dem Anpassen der Ringgrösse erfolgt analog zu den Ringen aus Runddraht mit kleineren Durchmessern.
- Stimmen die Abschlüsse der Ringenden, wird die Oberflächenbehandlung in Angriff genommen. Dies geschieht, bevor der Ring seitlich ganz geschlossen wird. Dadurch erreichen wir auch später nicht mehr gut zugängliche Stellen.
- Nun erst schliessen wir den Ring auch seitlich. – Ist das Material durch die Verarbeitung zu zäh geworden, glühen wir es vor dem letzten Richten nochmals aus.

Seitliches Schliessen des Ringes
- Der Ring wird knapp (nur untersten Bogen) im Schraubstock eingespannt (Aluschutzbacken).
- Nun schlagen wir (ähnlich wie beim Verkleinern des Ringes) mit einem Schlagholz abwechselnd von beiden Seiten her gegen den Ring. Dabei richten wir das Holz leicht gegen das Zentrum des Ringes, um ein Öffnen zu verhindern.
- Stimmen Rundung und Grösse des Ringes, wird die Oberfläche ein letztes Mal überarbeitet.

Fingerringe

Fingerringe aus Runddraht (geschlossene Formen)

Ausgangsmaterial	Runddraht Kupfer, Messing (weich/halbhart) und Silber (geglüht) Durchmesser: 2 bis 5 mm Runddraht Messing/Kupfer ø 1 mm (zum Massnehmen oder als Übungsmaterial)
Anmerkung	Die Buntmetalle werden als Übungsmaterial für Hartlötungen und für Modelle verwendet. Da vor allem Kupfer und Messing rasch oxydieren, lohnt sich die Ausführung der definitiven Ringe in Silber. Das Ausgangsrohmaterial für geschlossene Ringe ist stets eine Spirale (---> «Fingerringe aus Runddraht, offene Formen»). Sägen wir die Windungen durch, entsteht mit jedem durchgehenden Sägeschnitt ein vollständiger Ring.
Werkzeuge/Hilfsmittel	• Runddorne (Ringriegel) für das Richten der Rundung und für das Herstellen einer Ringspirale als Ausgangsmaterial • Kunststoffhammer für Richtarbeiten (mit Ringriegel) • Evtl. Silberschmiedehammer (zum Vergrössern oder Abhämmern von Ringen) • Ringfeile, Feilen (flach/halbrund, feiner Hieb) • Schleif- und Poliermittel • Wasserfester Filzschreiber (fein) • Uhrmachersäge • Hartholz-Vierkant und Schmiedehammer für Richtarbeiten • Evtl. kleine Holzkeile (zum Aufspalten der Ringspiralen)
Praktische Ausführung	Beginn mit 1-, 2- und 3-mm-Kupfer- oder Messingdrähten: Im Schraubstock (Schutzbacken/Biegedorn ø 16 mm) formen wir zuerst eine Ausgangsspirale. Bei den ersten Ringen, welche wir als Lötübungsmaterial verwenden, achten wir vorerst noch nicht auf die Ringgrössen.

Übungsmaterial

Von der Spirale weggesägte Ringe aus 2- oder 3-mm-Draht (Kupfer/Messing) verwenden wir als Lötübungsmaterial. Ziel sind möglichst «unsichtbare» Lötstellen!

---> *Fingerringe aus Blech (geschlossene Formen), Zeichnung, S. 50*

- Genaues Anpassen der Sägeschnitte auf dem Feilholz mit einer dünnen Nadelfeile «flach/flach»
- Ist der Schnitt praktisch nicht mehr sichtbar (zur Kontrolle gegen das Licht halten!), erzeugen wir beim Ring eine leichte Spannung, indem wir dessen Enden vor dem Schliessen wenig überlappend aneinander vorbeibiegen (beidseitig).
- Die Lötstellen werden mit dem Pinsel gut mit Flussmittel eingestrichen (Partnerarbeit: Ring leicht öffnen).

---> *Techniken / Löten, S. 148*

- Nun wird der Ring mit möglichst wenig Lot («keine» störenden Lotreste) verlötet.
- Ein allfälliges Verputzen erfolgt mit einer Ringfeile.
- Erst wenn keine Lotreste mehr sichtbar sind, wird mit Schleifpapier verputzt und schliesslich an der Maschine poliert.

Fingerringe

Das Vorgehen beim Anfertigen von Fingerringen unterscheidet sich kaum von der Herstellung von Übungsmaterial. Wir verwenden dazu in erster Linie Silberdraht, fertigen nun aber die Ringe auf Mass an! Als Ringmass verwenden wir ein Ringspiel oder direkt den jeweiligen Finger.

↪ *Fingerringe aus Blech (geschlossene Formen), Zeichnung S. 52*

- Ist das Innenmass der Ausgangsspirale zu gross, biegen wir die Enden des Einzelringes aneinander vorbei, bis der Ring sitzt. Nun legen wir nochmals einen Sägeschnitt durch beide Drahtenden.
- Ist das Innenmass der Ausgangsspirale zu klein, weiten wir die letzte Windung vor dem Absägen so weit aus, dass der Ring sicher gross genug ist. – Stellt sich der Ring nach dem Absägen als zu gross heraus, gilt das analoge Vorgehen wie im ersten Fall.
- Ist ein Ring massiv (ø 3 bis 5 mm), kann er von Hand nicht mehr sauber geschlossen werden. In diesem Fall schliessen wir die Lötnaht mit Hammerschlägen (Hartholzzulage). Zwei letzte Schläge erfolgen direkt von oben neben der Lötnaht. Es spielt für das Löten keine Rolle, wenn der Ring dabei leicht oval wird.
- Stellt sich ein Ring nach dem Zusammenlöten als zu klein heraus, weiten wir ihn durch Hammerschläge (Silberschmiedehammer) auf dem Runddorn (Ringriegel) leicht aus. Die Hammerschlagspuren feilen und schleifen wir anschliessend wieder heraus.
- Ist ein Ring (trotz Kontrolle vor dem Löten) zu gross geraten, sägen wir die Lötstelle nochmals auf und korrigieren die Grösse vor dem erneuten Zusammenlöten.

Varianten

Natürlich eignen sich auch Ringe aus Runddraht zum Variieren oder Kombinieren. Ideen liefert das Kapitel «Ringe aus Blech, geschlossen».

Durch leichtes Abhämmern mit einem Polierhammer (Silberschmiedehammer) auf einem Runddorn oder Ringriegel wird der Ring nicht nur grösser; er erhält auch eine rundum reflektierende Oberfläche. Gleichzeitig wird das Material gehärtet.

Auf Bohrungen an Runddrähten sollte verzichtet werden, da die Löcher immer oval werden. Hingegen sind Sägeschnitte und Veränderungen mit der Feile (Kerben) gut möglich.

Beispiele für Verzierungen

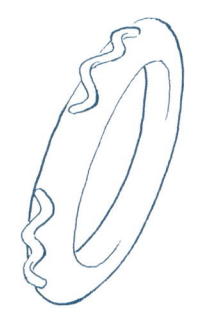

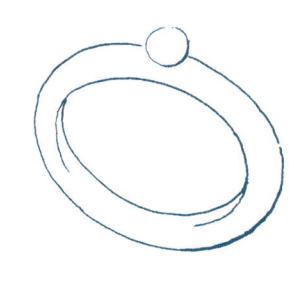

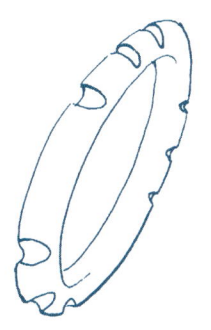

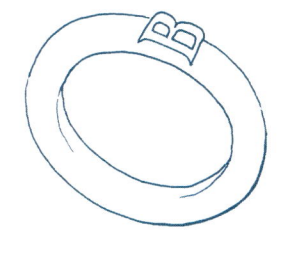

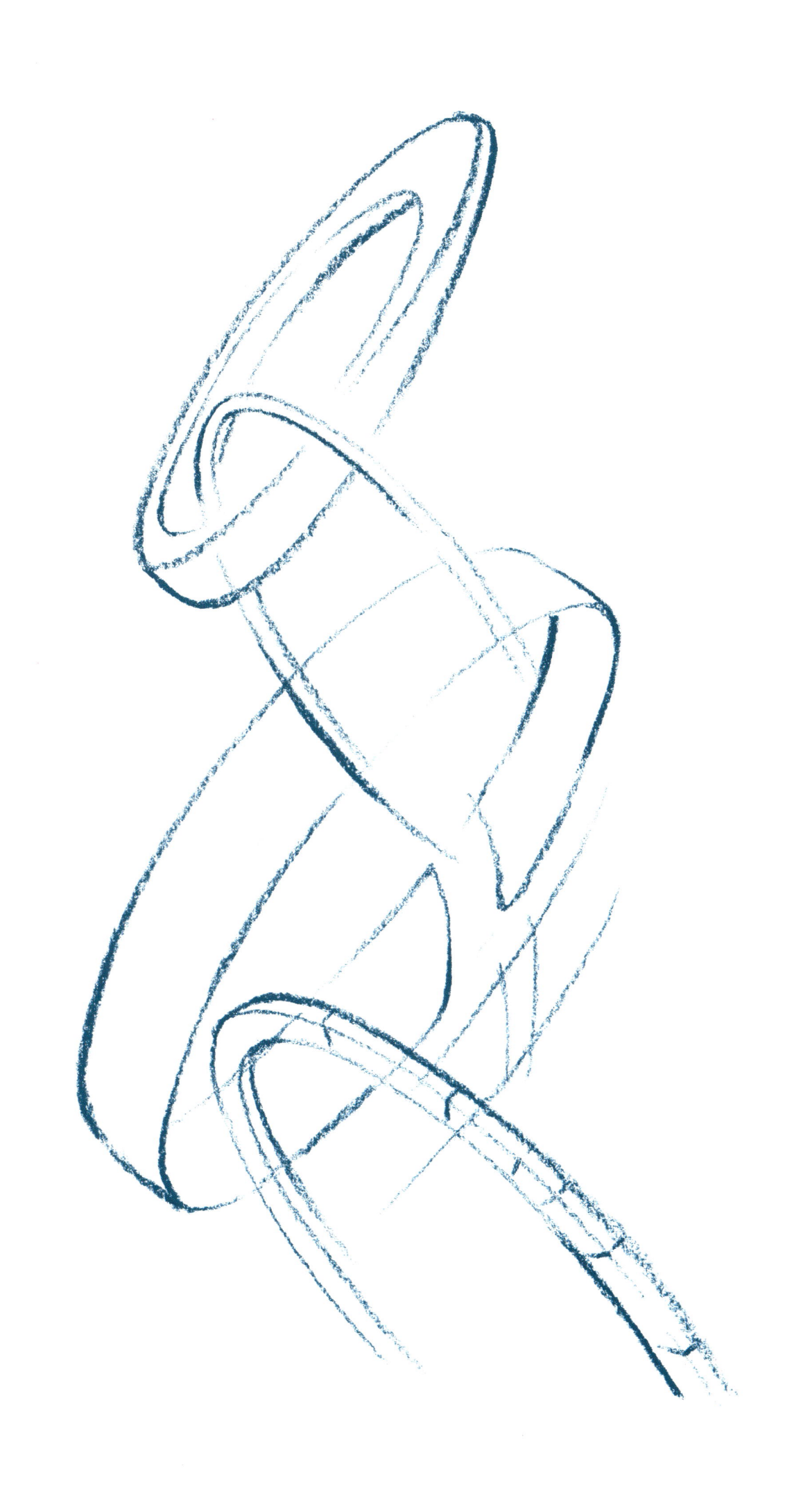

Armspangen und Armreife

Armspangen aus Blech

Ausgangsmaterial
- Buntmetallbleche (Cu/Ms/Ns) 1mm für das Herstellen von Modellen
- Silberblech 0,8/1mm dick, 10 bis 30mm breit, 140 bis 160mm lang
- Festes Papier, Halbkarton für Modelle, wasserfester Filzschreiber

Anmerkung Die Schmuckbeispiele werden hauptsächlich aus Silber angefertigt. Der Arbeitsaufwand bleibt derselbe, ob man als Arbeitsmaterial Buntmetalle oder Silber verwendet. Erstere laufen aber sehr schnell an (oxydieren) und werden dadurch unansehnlich. Ein Schützen mit Metallschutzlack ist nur bedingt möglich, da er sich relativ schnell abnützt oder beim Berühren von harten Materialien und scharfen Gegenständen weggekratzt wird.

Werkzeuge, Hilfsmittel
- Blechschere (Handhebelschere)
- Uhrmachersäge
- Kunststoffhammer (Haut-, Gummi-, Holzhammer) zum Runden/Wölben
- Polier-, Treib-, Silberschmiede-, Niethammer (mit polierter Hammerfinne)
- Haken/Rillenfaust
- Diverse Stahlrohre mit unterschiedlichem Durchmesser
- Evtl. Rundhölzer, alte Besenstiele usw.
- Feilen, Schleif- und Poliermittel

Einstieg Auf vorbereiteten Papierstreifen (150 x 25 mm) zeichnen wir die Form auf, schneiden sie aus und vergleichen die Resultate anschliessend miteinander.
Nun werden die Streifen gerundet, bis die gewünschte Spangenrundung entsteht. Daraus kann jetzt die Länge des Ausgangsbleches bestimmt werden.

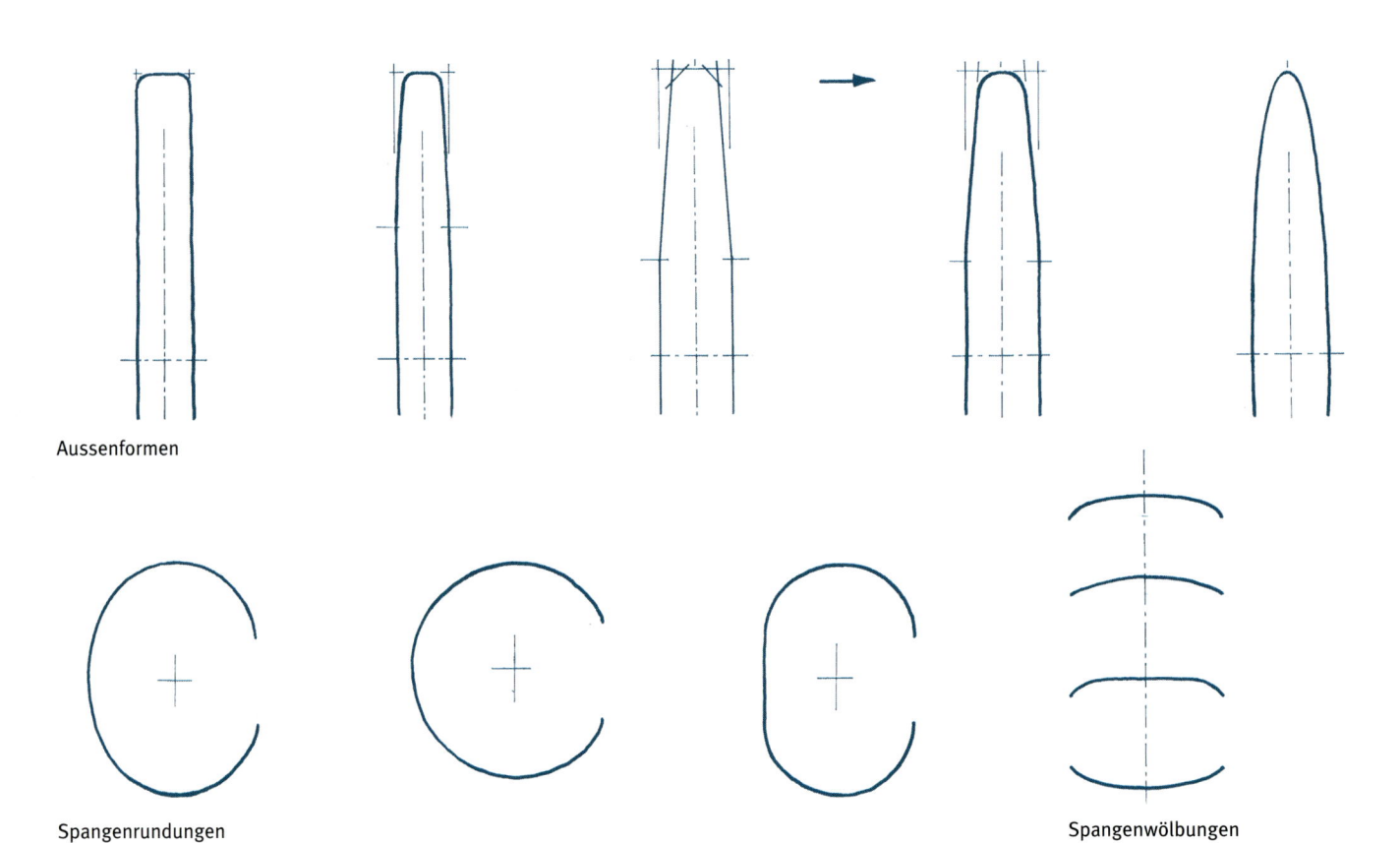

Aussenformen

Spangenrundungen

Spangenwölbungen

Armspangen und Armreife

Praktische Ausführung

An einem Kupfer- oder Messingblechstreifen testen wir auf der Richtplatte die Wirkung verschiedener Oberflächenmuster: Hammerschläge, Punzenmuster, Feilmuster, Schleifmuster, Walzmuster (sofern Walze vorhanden).

Spangen mit Oberflächenmustern (flache Spangen)

⤳ Techniken | Oberflächengestaltung, S. 142

- Oberflächenstruktur aufbringen
- Form aufzeichnen, scheren oder sägen
- Kanten nachbearbeiten (feilen, schleifen, polieren)
- Evtl. Wölbung der Spange formen (konkav/konvex): Hakenrillenfaust, Kunststoffhammer
- Spangenrundung formen: Stahlrohr, Rundfaust, Kunststoffhammer oder von Hand

Durch das Wölben und Runden der Spange ist eine Spannung entstanden. Diese hilft, dass die Form jeweils auch nach dem Überstreifen der Spange über das Handgelenk stabil bleibt. Deshalb sollte das Blech zum Verformen nur im Notfall ausgeglüht werden.

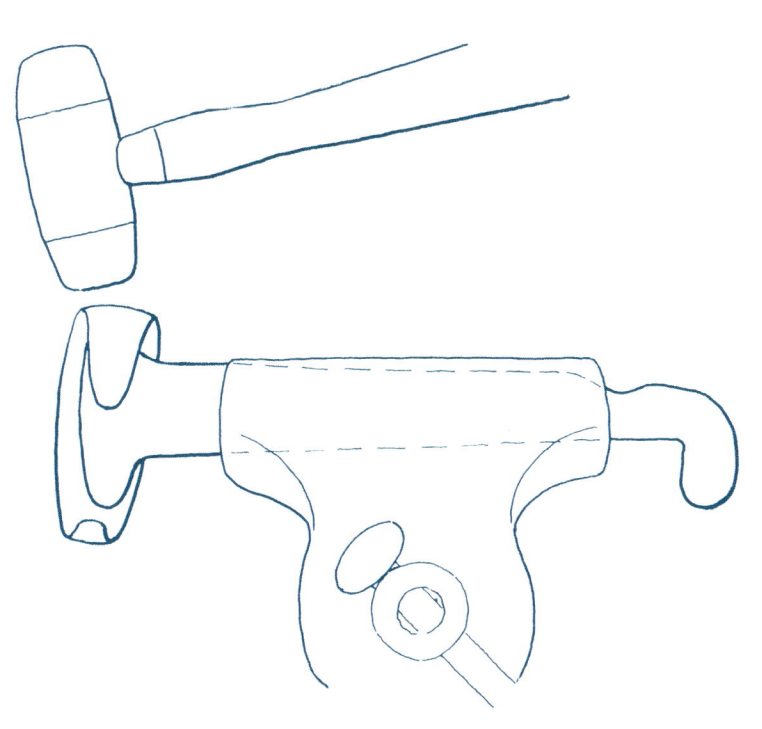

Vorwölben mit dem Kunststoffhammer

Getriebene Spangen

- Aussenform bestimmen und umsetzen. Anschliessend erfolgt das Treiben und Formen auf der Haken/Rillenfaust
- Abhämmern (formen) mit dem Silberschmiedehammer, Treibhammer oder mit der polierten Hammerfinne des Niethammers

Dort, wo abgehämmert/getrieben wird, dehnt sich das Material besonders aus.
⤑ Es entsteht ein grösserer Umfang.

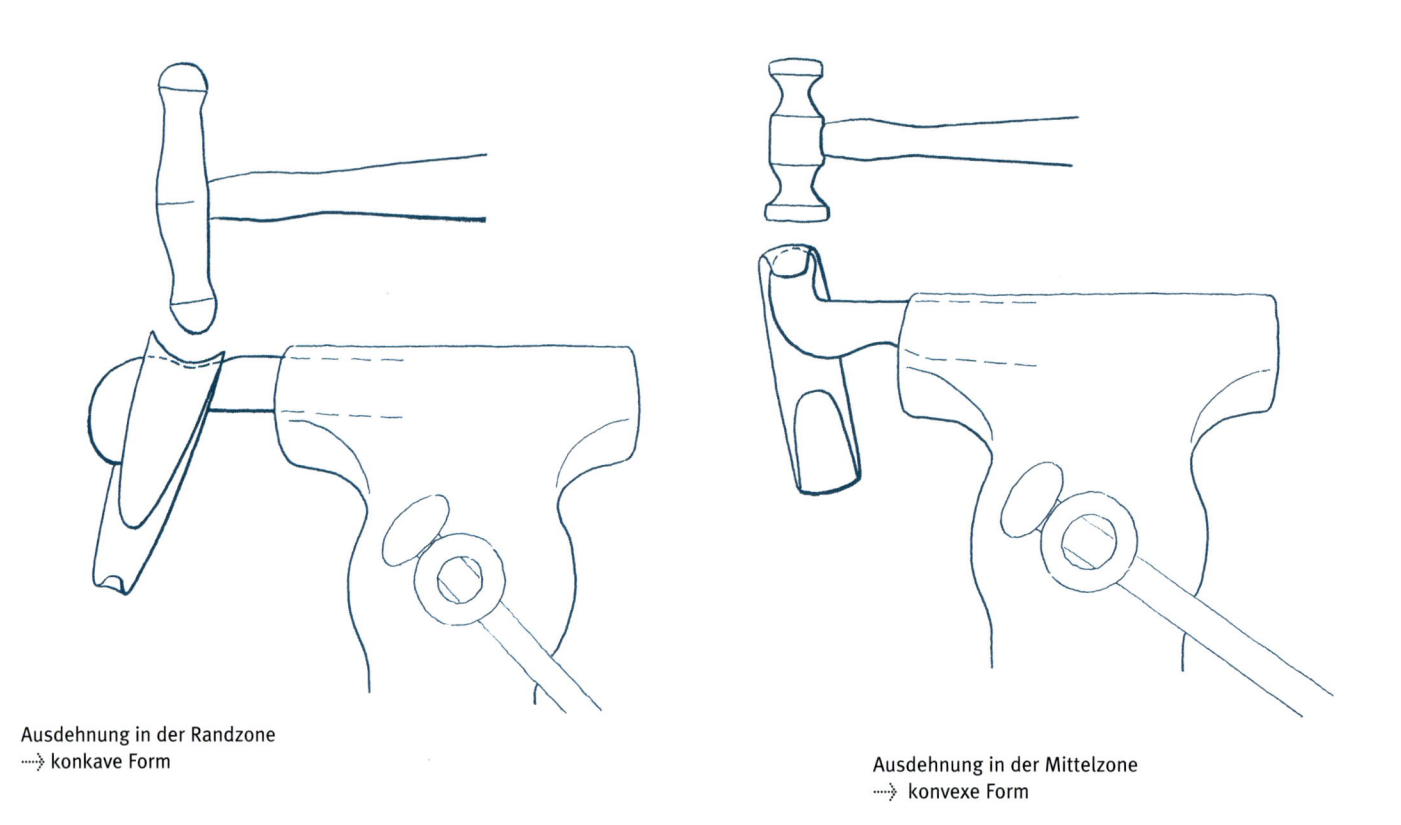

Ausdehnung in der Randzone
⤑ konkave Form

Ausdehnung in der Mittelzone
⤑ konvexe Form

Varianten Eine spezielle Wirkung erzeugt man durch das Heraussägen von Figuren. Dabei muss darauf geachtet werden, dass man die Ränder leicht rundet (schleifen/polieren), damit keine Verletzungsgefahr besteht. Das Sägen erfolgt vor dem Runden der Spange.

Armreife aus Draht

Ausgangsmaterial	• Silberdraht ø 1 bis 3 mm in Rollen
	• 1-mm-Messingdraht für Massreifen
	• 0,8-/1-mm-Messingblech in Plättchen von 6 x 6 mm

Anmerkung

Geschlossene runde Armreife sind einfacher zum Formen als offene Reife. Deshalb stellen wir deren Herstellung an den Anfang.

Zur Erhöhung der Stabilität bei offenen Armreifen und zum Ausschöpfen neuer gestalterischer Möglichkeiten nehmen wir für diese Schmuckreife mehrere Drähte zusammen und stabilisieren sie durch Winden und Flechten (zöpfeln).

Werkzeuge/Hilfsmittel

- Seitenschneider/Uhrmachersäge zum Ablängen von Draht
- Kunststoffhammer (Haut-, Gummi-, Holzhammer) zum Runden/Wölben
- Polier-, Silberschmiede-, Niethammer (mit polierter Hammerfinne) zum Abhämmern und Vergrössern.
- Diverse Stahlrohre mit unterschiedlichem Durchmesser, evtl. Rundhölzer, alte Besenstiele usw., evtl. Armbandriegel
- Diverse Fäuste als Form- und Schlagunterlage (Ersatz = Polierhammer rund/flach), Feilen, Schleif- und Poliermittel
- Lötkohle als Unterlage zum Schmelzen von Silberkugeln

Armreifmass mit Beschriftung

Einstieg

Aus 1-mm-Messingdraht stellen wir zuerst einen Massreif her. Jede Schülerin nimmt ein anderes Mass, damit wir am Schluss eine genügende Auswahl zur Verfügung haben. Die einzelnen Reife versehen wir am Schluss mit einem angelöteten Massplättchen mit der entsprechenden mm-Angabe für den Durchmesser.

Praktische Ausführung

- Draht auf die gewünschte Länge ablängen
- Die beiden Drahtenden von Hand zusammenbiegen (Enden von oben und von der Seite genau passend).
- Lötstelle mit einer Nadelfeile (flach/flach) anpassen
- Auf einer Lötunterlage zusammenlöten. Die beiden Drahtenden werden dazu auf der Unterlage fixiert (z.B. mit Stecknadeln).

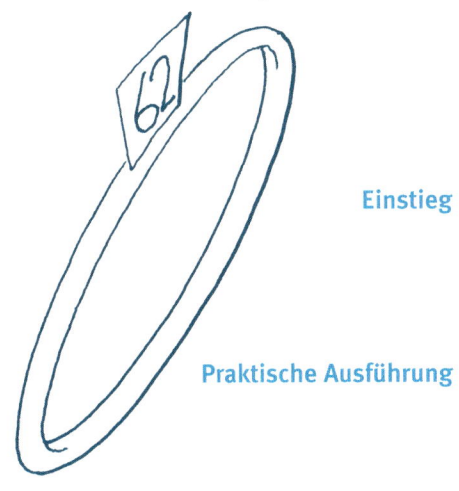

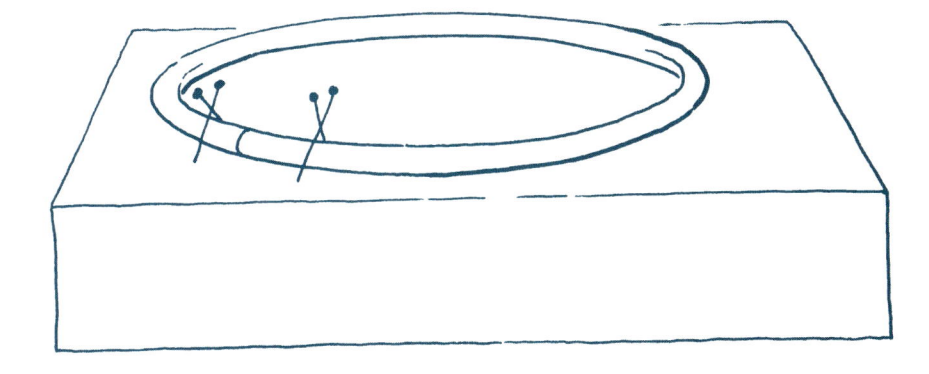

Lötvorbereitung: Armreif auf Kohle fixiert

- Lötung abbeizen
- Lötstelle verputzen (Feile, Schleiftuch, Poliermaschine)
- Richten und Runden des Armreifs auf der Richtplatte (feine Seite/mit Papierunterlage) und am Rundrohr (Armreifriegel)
- Evtl. von Hand oder mit der Maschine nachpolieren

Varianten

Armreif gehämmert
Ein glatter Armreif wird nach dem Polieren auf einer Faust mit dem Polierhammer oder Silberschmiedehammer leicht gehämmert. Dabei achten wir darauf, dass er durch das Abhämmern nicht grösser wird (feine Schläge).

Armreifgruppen: lose oder verbunden
- Mehrere gleiche Armreife werden hergestellt und miteinander getragen.
- Mehrere gleiche Armreife werden mit einer Öse/einem Ring/einer Schlaufe zusammengehalten.

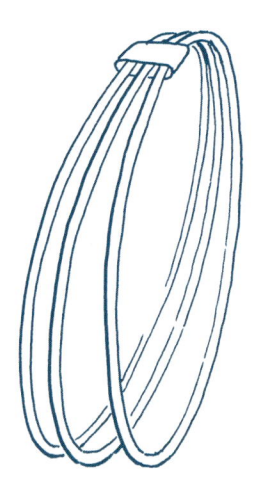

Verbindungsvarianten

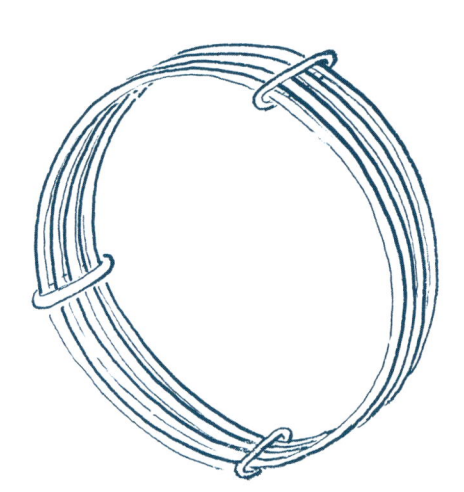

Beispiele für Anhänger

Armreife mit Anhängern
- Als Anhänger eignen sich alle ausgesägten Figuren aus Silberblech.
- Vorfabrizierte Zierelemente oder auch gebohrte Ziersteine werden mit Hilfe einer Öse mit einem eingeklebten Stiftchen verbunden.

Verwundene Drähte I *(2 Einzeldrähte zusammen verwinden)*
- Ausgangsdraht (ø 2 mm) strecken
- Die beiden Drahtenden ohne Schutzbacken in Schraubstock einspannen und mit Rundstab unter Zug winden (auf 10 cm Länge etwa 10 Windungen).

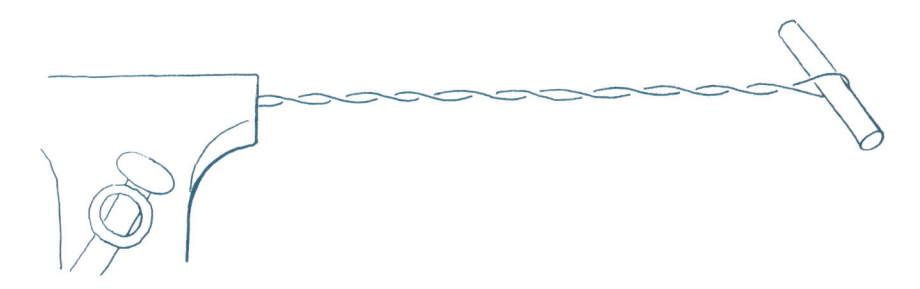

Draht winden

Pro 10 cm: etwa 10 Windungen

⇢ *Techniken | Ziehen von Draht, S. 134*

- Drähte mit Flussmittel einstreichen und auf Lötunterlage (Kohle) fixieren
- Pro Windung 1 Lot einlegen ⇢ auf ganzer Länge verlöten ⇢ Nähte müssen am Schluss völlig geschlossen sein ⇢ evtl. Nachlöten!
- Verlötete Drähte abbeizen
- Mit Polierhammer flachhämmern: Es sind verschiedene Reifquerschnitte denkbar. (Die Seitenflächen können rund belassen oder durch Hämmern/Schleifen abgeflacht werden.)
- Ähnliche Querschnitte erreicht man, indem man die verlöteten Drähte durch ein Locheisen mit entsprechendem Querschnitt zieht, bis der Armreifquerschnitt die gewünschte Form erreicht hat.
- Runden und Schnittstelle (Rapport) genau festlegen.
- Reif absägen, Enden genau aufeinanderpassen, auf Lötunterlage fixieren, verlöten
- Lötstelle abbeizen und verputzen
- Reif mit Kunststoffhammer zu Endform runden (kreisrund/oval). Bei zu kleinem Innendurchmesser mit Polierhammer (flache Bahn) auf Grösse abhämmern. (Der Durchmesser nimmt beim Abhämmern zu.)
- Ist der Durchmesser trotz vorgängiger Kontrolle zu gross geraten, bleibt nur das Heraussägen eines Elementes (auf Rapport achten!).
- Abschliessende Oberflächenbearbeitung (kratzen, schleifen, mattschlagen, polieren)

Sind die verwundenen Armreife stabil genug, können sie auch als offene Reife verarbeitet werden. Bei sich im Wachstum befindlichen Jugendlichen kann diese Variante sogar von Vorteil sein (Durchmesser ist nicht fixiert).

Verwundene Drähte II *(3 bis 5 Einzeldrähte zusammen verwinden)*
- Ausgangsdraht (ø 1,5 bis 2 mm) strecken
- Die am Ende gewünschte Anzahl Silberdrähte auf gleiche Länge richten (je etwa 180 mm)
- Alle Drähte an beiden Enden zusammenlöten. Drähte vorgängig auf Lötunterlage (Kohle) fixieren (Stecknadeln)
- Das eine Ende im Schraubstock (ohne Schutzbacken) einspannen. Das andere Ende mit Feilkloben festspannen. Unter gutem Zug in einer Richtung drehen, bis gewünschte Windungsdichte erreicht ist.
- Alle Drähte mit Flussmittel einstreichen. Gewundenen Draht punktuell verlöten

Offener Armreif

⤑ *Techniken | Schmelzprodukte, S. 154*

- Reif auf gewünschte Länge richten (etwa 150 mm)
- Aus Restensilber schmelzen wir auf einer Kohle zwei gleich grosse Silberkugeln. (Mit Hilfe der Waage vor dem Schmelzen kontrollieren!)
- Nun löten wir die beiden Enden der Silberdrähte an je einer dieser Kugeln fest (Silberkugel in Vertiefung auf Kohle legen, flachere Stelle nach oben gerichtet).
- Nach dem Reinigen und Polieren formen wir das Ganze zu einem offenen Armreif.

Geschlossener Armreif
- Runden und Schnittstelle (Rapport) genau festlegen
- Reif absägen, Enden genau aufeinanderpassen, auf Lötunterlage fixieren, verlöten
- Lötstelle abbeizen und verputzen
- Reif mit Kunststoffhammer zu Kreisform runden

Zopfmuster mit Silberdraht *(z.B. 3 Drähte)*
- Ausgangsdraht strecken
- Die am Ende gewünschte Anzahl Silberdrähte auf gleiche Länge richten (je etwa 200 mm)
- Alle Drähte an einem Ende zusammenlöten
- Flechten des Zopfmusters mit Hilfe dreier Feilkloben, um die Drähte mit regelmässigem Zug flechten zu können. ⤑ Partnerarbeit!
- Nach dem «Zöpfeln» löten wir das zweite Ende ebenfalls zusammen.

⤑ *Techniken | Ziehen von Draht, S. 134*

- Ein Ende mit der Feile verjüngen, um anschliessend beim Ziehen der Drähte in die Lochungen einfahren zu können
- Nun wird das Zopfmuster durch ein Locheisen gezogen. Dadurch wird es zusätzlich geglättet und gefestigt.
- Anschliessend wird der Armreif auf die genaue Länge gerichtet (Sägebogen).
- Der Abschluss der beiden Enden kann wieder mit einer angelöteten Kugel erfolgen.

Beide Varianten der offenen Armreife eignen sich ebenfalls zum Verlöten als geschlossene Armreife. Beim Richten auf die exakte Länge muss das Muster (Rapport = Übereinstimmung bei Drehung/Zopfmuster) berücksichtigt werden.

Fingerringe

Mit den vorgängig beschriebenen Techniken können auch Fingerringe hergestellt werden. Für feinere (dünnere) Ringe verwenden wir als Ausgangsmaterial 1- bis 1,5-mm-Silberdraht.

Massive Armreife

Für fortgeschrittenere Schülerinnen und Schüler kann als Ausgangsmaterial für Armreife massiver Runddraht (ø 4 mm/5 mm) verarbeitet werden.

Die Formgebung des verlöteten Reifs erfolgt durch gezieltes Abhämmern (Schmieden) mit einem Treibhammer. Als Unterlage kann eine leicht gewölbte Faust oder ein mit Papier geschütztes Rohr dienen.

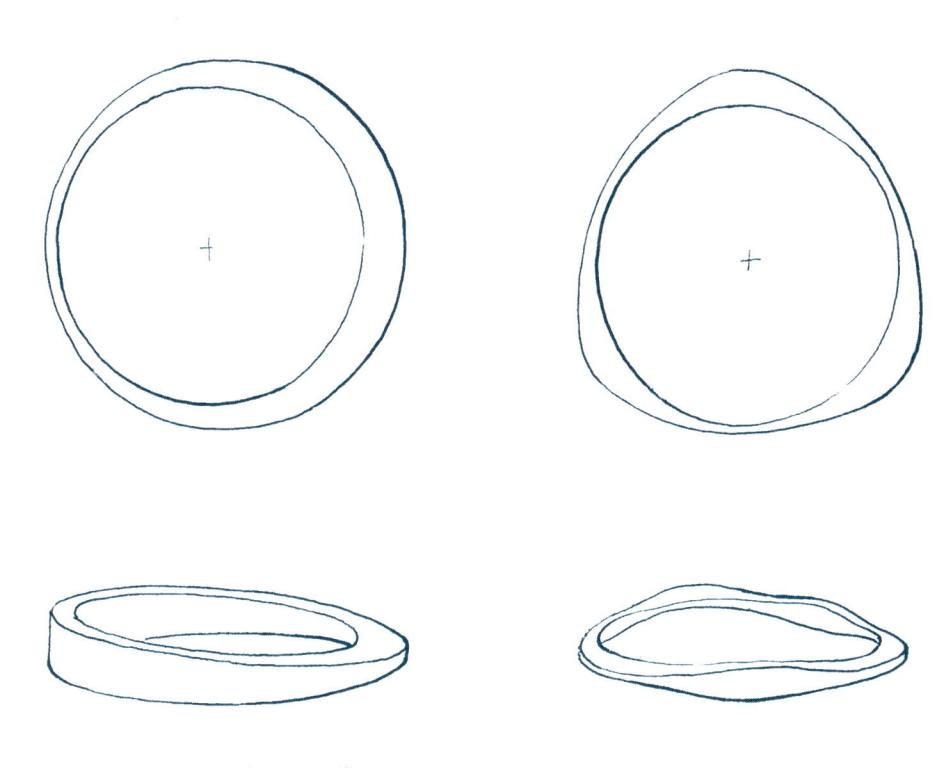

Mögliche Formen massiver Armreife

- Draht auf 150 bis 160 mm Länge richten
- Draht runden (Biegerohr, Haut- oder Kunststoffhammer)
- Lötstelle genau anpassen
- Löten, abbeizen, evtl. verputzen (Feile, Schleiftuch)
- Armreif runden (Armreifriegel, Rohr, Kunststoffhammer)
- Übergangspunkte der Endform einzeichnen (wasserfester Filzschreiber)
- Armreif durch Treiben/Schmieden (kalt) formen

Gestaltete Oberarmspangen

Varianten Analog zu den offenen Armspangen können ähnliche Modelle auch als Oberarmspangen gestaltet werden.
Im Allgemeinen werden Oberarmspangen oder -reife in der Grundform etwas runder geformt als Armspangen, welche eher eine leicht ovale Form aufweisen. Durch Auftrennen (Sägen) der Drahtenden lassen sich vielfältige Biegemuster formen. Zusätzlich können diese Formen durch Abhämmern oder durch Walzen (sofern eine Walze vorhanden) gestaltet werden.

Broschen/Anhänger/Haarschmuck

Broschen oder Anhänger aus Acryl

Ausgangsmaterial
- Acrylresten verschiedener Farbe und Dicke
- Leder- und Gummischnüre sowie Stahlkabel zum Befestigen der Anhänger oder Broschierungen (Nadeln) für das Fixieren der Broschen
- Klemmverschlüsse/Bajonettverschlüsse für Stahlkabel
- Remaniumdraht ø 0,6/0,7 mm oder Silberdraht ø 1 mm zum Herstellen der Aufhängevorrichtungen. Remaniumdraht (von Zahntechnikern verwendet) ist zäher und stabiler als Silberdraht.

Anmerkung

Da Broschen bei Jugendlichen zur Zeit weniger im Trend liegen, gehen wir in erster Linie auf das Gestalten von Anhängern ein. Bestehen diese aus nicht klarsichtigem oder nicht durchscheinendem Acryl, können sie durch Aufkleben einer Broschennadel auf einfache Weise zu einer Brosche umfunktioniert werden. Senkrecht verklebte Broschennadeln können auch als Aufhängevorrichtung für Anhänger verwendet werden.

Werkzeuge/Hilfsmittel
- Uhrmachersäge
- Feilen, Schleif- und Poliermittel
- Schmuckzangen zum Herstellen von Aufhängeösen
- Wasserfester Filzschreiber (dünn)

Einstieg

Beginn mit einem klarsichtigen Acrylrohling (siehe «Ohrhänger aus Acryl»)
An diesem Rohling üben wir das Schleifen und Polieren bis zur sauberen Klarsichtigkeit.
Das Resultat ist ein «Acrylkristall» (Anhänger). Dieser wird am oberen Ende durchbohrt und mit einer selbst hergestellten Aufhängeöse versehen. – Nun können wir ein Gummi- oder Lederband durchziehen, welches wir auf die gewünschte Länge fest verknüpfen.

Aufhängemöglichkeiten für Anhänger (Hals)

Befestigung mit Doppelösen an:
Lederband/Lederschnur, Gummischnur, Kordel, Halsreif (starr/beweglich)

Praktische Ausführung
- Als Alternative lesen die Schülerinnen ihnen passende farbige Acrylplattenresten aus.
- Auf diese übertragen sie mit wasserfestem Filzschreiber ihre entworfenen Figuren, Embleme, Initialen.
- Diese Vorlagen werden nun möglichst genau ausgesägt.
- Dort, wo dies nötig ist, verfeinern wir die Konturen mit einer Nadelfeile und schleifen diese anschliessend bis Körnung 600 (Polierstandard).

Verschlüsse für Schnüre aus Leder, Textilien, Gummi, Kautschuk usw.
Verschlüsse sind in verschiedensten Ausführungen im Handel erhältlich.

Käufliche Verschlüsse

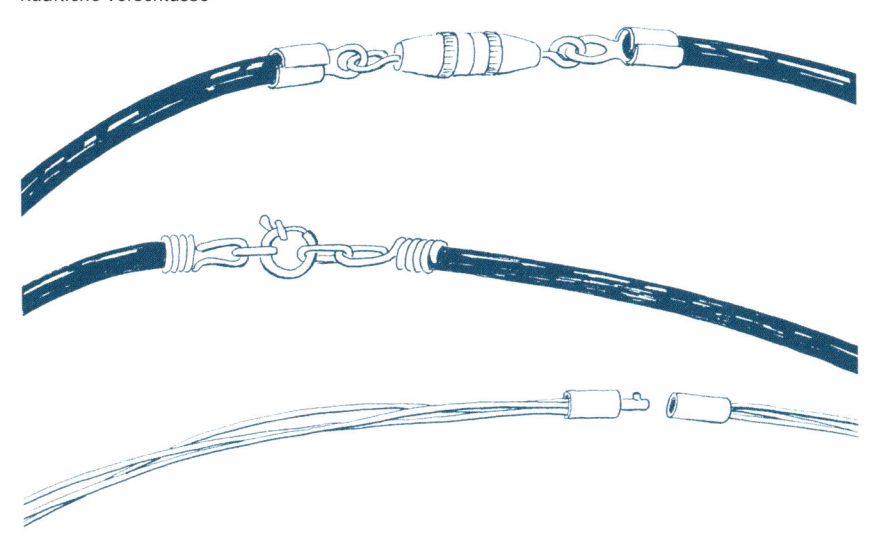

Schnurenden können mit einer Drahtspirale fixiert und zusammengehängt werden.

Selbst gefertigter Verschluss

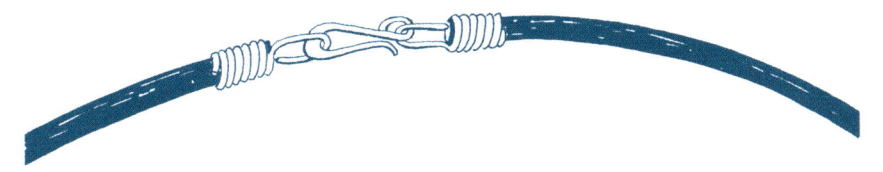

Für die Befestigung von Stahlkabeln verwendet man mit Vorteil einen Bajonettverschluss.
- Stimmen der Aussendurchmesser des Stahlkabels und der Innendurchmesser des Bajonettverschlusses überein, gibt es die dauerhaftesten Verbindungen. Wir kleben das Kabel mit einem Zweikomponentenkleber satt ein.
- Verwenden wir mehrere dünne Stahlkabel, muss darauf geachtet werden, dass diese den gewählten Innendurchmesser des Verschlusses ebenfalls möglichst satt ausfüllen.
- Bis zum Aushärten des Klebstoffes fixieren wir den zusammengesetzten (geschlossenen) Verschluss und jedes einzelne Kabel mit Klebband auf einer Unterlage (Karton, Sperrholz), um das unbemerkte Herausrutschen eines Kabels zu verhindern.
- Allfällige Leimüberreste können nach dem Aushärten mit einem Cutter entfernt werden.

Rohe Stahlkabel haben den Nachteil, dass sich beim Tragen feine Härchen verklemmen können, was sehr unangenehm sein kann. Wir verwenden deshalb nach Möglichkeit plastifizierte Stahlkabel (leider nur in kleinen Dimensionen erhältlich).

Varianten

An Stelle von Acryl kann sehr gut auch Corian verwendet werden. Dieses eignet sich grundsätzlich für alle vorgängig beschriebenen Schmuckbeispiele.

Bei Kombinationen mit Silber eignen sich zur Betonung des Kontrasts vor allem dunklere Farben.

Mehrfachverklebungen von verschiedenfarbigem Corian als Ausgangsmaterial lassen viele Möglichkeiten der Gestaltung offen. – Da der mitgelieferte Zweikomponentenkleber für Corian innert etwa 10 Minuten fertig aufgebraucht werden muss (Offenzeit!), empfiehlt sich als Vorbereitungsarbeit das Bereitstellen grösserer Vorräte von Sandwichklebungen.

Acrylanhänger können gut mit Metallen kombiniert werden. Zum Zusammenbau wenden wir die «Stiftchentechnik» an.

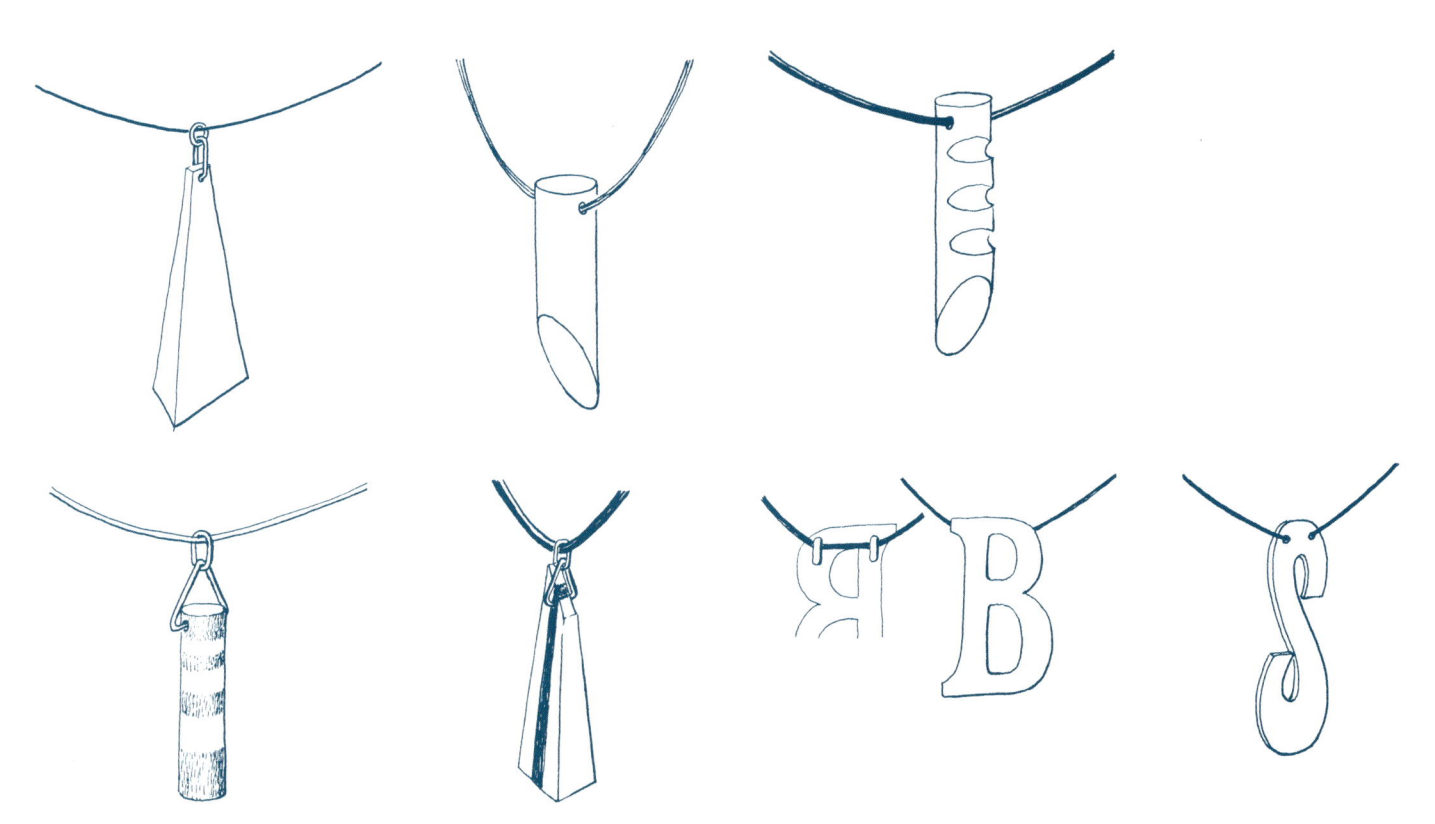

⇢ *Techniken | Stiftchen setzen, S. 150*

Anhänger aus Acryl oder Corian

Broschen oder Anhänger aus Metallen

Ausgangsmaterial
- Messing-, Kupfer-, Neusilber- und Silberbleche (Resten) unterschiedlicher Dicke (etwa 0,8 bis 1,2 mm)
- Messing, Kupfer-, Neusilber- und Silberdrähte (ø etwa 1 mm) für Ösen/Ringe
- Broschierungen zum Auflöten (Aufkleben)

Anmerkung

⤑ *Techniken | Schmelzprodukte, S. 154*

Ähnlich wie bei den Ohrsteckern aus Blech oder bei Verzierungen für Fingerringe sind der Fantasie der Schüler fast keine Grenzen gesetzt.
Als besonders reizvoll hat sich auch das Experimentieren mit (gezielten) Schmelzprodukten aus Blech erwiesen. Die Schülerinnen lernen auf diese Weise spielerisch den Umgang mit der Hartlötanlage und deren Brennern.

Werkzeuge/Hilfsmittel
- Handhebelschere
- Uhrmachersäge
- Lehren zum Herstellen von Ösen/Ringen

⤑ *Techniken | Oberflächengestaltung, S. 143*
- Abbeiz- und Metallfärbemittel
- Metallschutzlack

Einstieg

Schmelzprodukte herstellen:
Mit der spitzen Flamme eines kleineren Brenners (Nr. 1/2) werden Konturen verändert und Oberflächen gezielt gestaltet (Schmelzseen, kleine Löcher, Verfärbungen). Als Unterlage eignen sich Lötkohlen oder Schamottsteine. Unter Zugabe von Flussmittel können in einer zweiten Phase auch verschiedene Metalle untereinander verschmolzen werden.

Kügelchen schmelzen
Aus Silberabfällen (Sägestaub, kleine Blech- oder Drahtreste) lassen sich auf einer Kohle sehr einfach Silberkügelchen schmelzen: Wir geben die Reste in eine vorher in die Kohle gedrückte oder geschabte Vertiefung, unter Zugabe von etwas Boraxpulver als Flussmittel. – Je kleiner das geschmolzene Kügelchen, desto runder wird das Resultat!
Um Serien gleich grosser Kügelchen herzustellen, wägen wir die Reste vor dem Zusammenschmelzen mit einer Waage genau ab (Genauigkeit = 0,1 g).

⤑ *Armreife aus Draht, S. 74*

Bei grösseren Kügelchen entsteht immer eine etwas flachere Seite. Diesen Umstand nutzen wir bei der Weiterverarbeitung, indem wir diese abgeflachte Stelle als zukünftige Lötstelle vorsehen. (Herstellung von Abschlusskugeln, z. B. bei Armreifen.)
Wenn die Kügelchen festgelötet sind (z. B. auf Stiftchen/Ring), können sie an der Poliermaschine bequem noch ganz rund geformt (poliert) werden. Oft ist es aber auch reizvoll, die so genannt «schlechte» Seite nach oben (sichtbare Seite) zu richten.

Praktische Ausführung

Schmelzprodukte werden als Anhänger direkt weiterverarbeitet. Sie können aber auch als Bestandteil zum Kombinieren von Farben und Formen eingesetzt werden. Ausgesägte Formen werden direkt als Anhänger weiterverarbeitet oder zusätzlich noch mit der spitzen Brennerflamme verändert.
Kombinationen von Metall mit anderen Materialien erfolgen mit der Stiftchentechnik.

⇢ *Techniken | Biegen von Draht, S. 129*
⇢ *Arm- und Halsketten, S. 96*

Weiterarbeit mit dem fertigen Anhängerrohling:
- Lage festlegen (oben/unten)
- Position für die Aufhängeösen markieren (Schwerpunkt beachten, damit der Anhänger richtig hängt! Schnur, Leder oder Kabel sollte hinter dem Anhänger versteckt verlaufen, evtl. 3 Ösen vorsehen!)
- Ösen formen mit der Zange
- Für eine ganze Klasse lohnt es sich, Ringlein oder verschiedene Ösen in grösserer Zahl herzustellen: Serienherstellung (um Runddorn/Lehre winden – aufsägen).
- Achtung: Wird die Aufhängeschnur (Gummi, Leder, Kabel) als auswechselbar vorgesehen, bei Verwendung von Verschlüssen (z. B. Bajonettverschlüssen) unbedingt auf Grösse des Durchlasses achten!
- Ösen/Ringe auflöten (1 Lötung gleichzeitig für das Schliessen der Öse und das Festlöten auf der Anhängerrückseite)
- 1 bis 2 Ösen/Ringe setzen: 2 Ösen/Ringe verhindern das Drehen/Kippen des Anhängers beim Tragen!

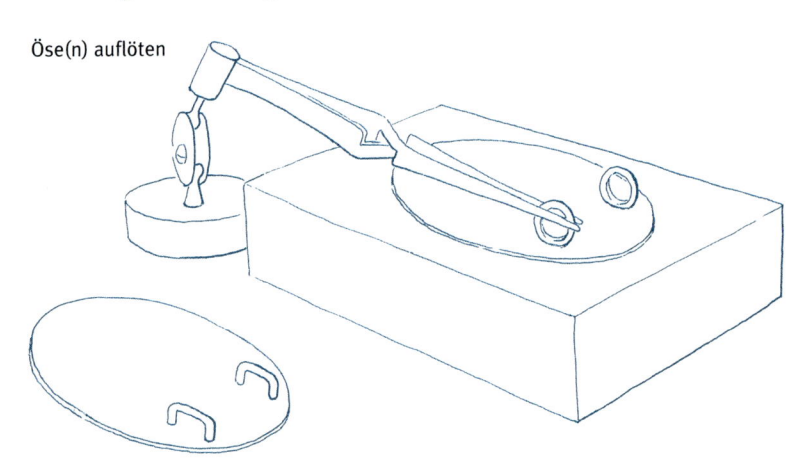

Öse(n) auflöten

- Fertig verlötete Anhänger abbeizen
- Farb- und Oberflächengestaltung nach Wunsch
- Oberflächen mit Metallschutzlack schützen (bei Buntmetallen)

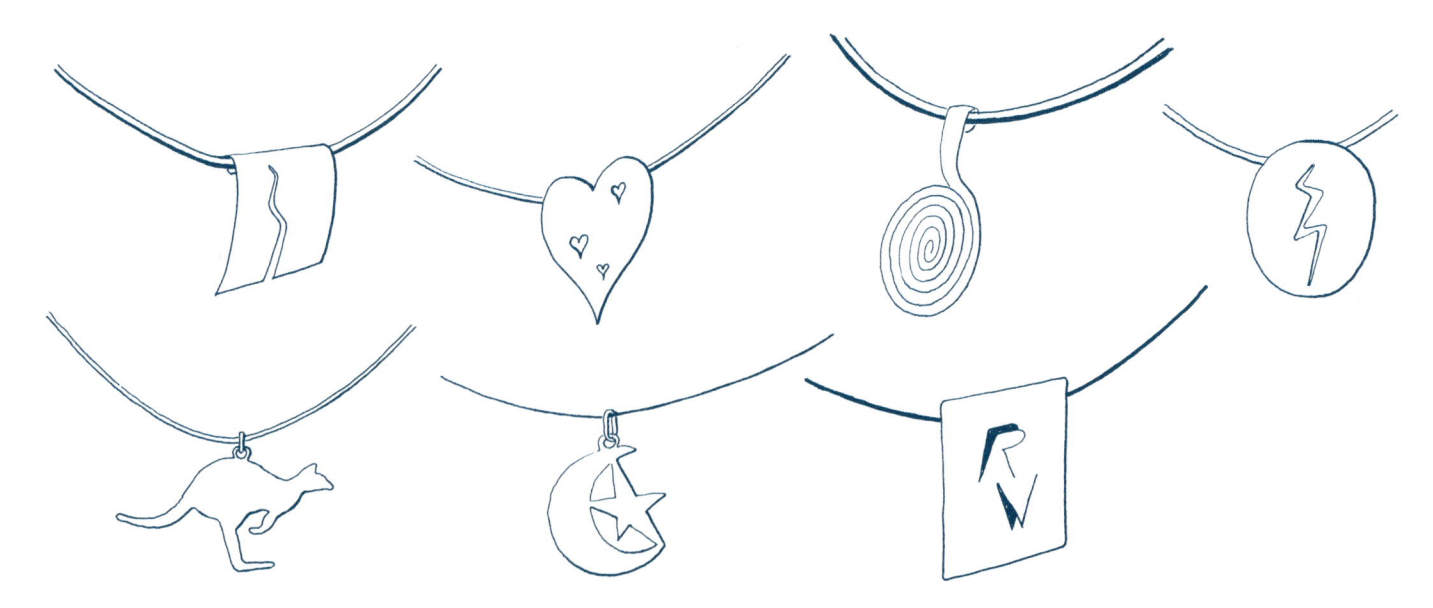

Motivvorlagen

Varianten	Die meisten Anhänger lassen sich auch als Broschen verwenden. – Siehe: Anmerkungen «Broschen oder Anhänger aus Acryl»!
⇢ *Ohrstecker aus Blech, Zeichnung Schmuckset, S. 25*	In kleinerer Ausführung eignen sich viele Beispiele auch als Ohrstecker oder Ohrhänger.

Broschen/Anhänger/Haarschmuck

Broschen oder Anhänger aus natürlichen Materialien

Ausgangsmaterial	Natürliche Materialien wie Holz, Kokosschale, Muscheln, Steinstücke, Souvenirs jeglicher Art
Anmerkung	Was jemand gerne als Anhänger oder Brosche trägt, hängt häufig mit Erinnerungen, Emotionen, Modeströmungen, Geschenken zusammen.
Werkzeuge/Hilfsmittel	Grundsätzlich verwenden wir dieselben Werkzeuge und Hilfsmittel wie beim Verarbeiten von Metall oder Holz. Hölzer können nach dem Feinschliff sogar an der Poliermaschine veredelt werden (sauberer Schwabbel).
Einstieg	• Einige fertige Beispiele vorzeigen • Such- und Organisationsauftrag, langfristig • Es ist auch denkbar, mit einer ganzen Schmuckabteilung dasselbe Ausgangsmaterial zu verwenden. Gut geeignet ist z.B. Kokosschale.
Praktische Ausführung	*Kokosschale als Ausgangsmaterial* Mit Kokosschale ist es möglich, in sämtlichen Sparten Schmuckbeispiele zu entwickeln und herzustellen. • Wir beginnen mit dem Auftrennen der Kokosnüsse. (Damit wäre bereits für die Zwischenverpflegung gesorgt!) • Das Material ist sehr hart. Es empfiehlt sich deshalb das Auftrennen mit der Metallbügelsäge (Nuss im Schraubstock/ohne Schutzbacken eingespannt). • Für das weitere Bearbeiten verwenden wir ausschliesslich Metallwerkzeuge und Metallbearbeitungshilfsmittel. Es sind grundsätzlich beide Seiten der Schale als «schöne Seite» verwendbar. • Am Schluss können die Schalenstücke mit einer Stahlbürste (Messing- oder Kupferbürste) bearbeitet werden (Entfernen der Fasern). Auch durch das Polieren an der Schwabbelscheibe entstehen schöne Effekte. *Anhänger* Bohren eines kleinen Loches (ø 3 bis 4 mm). Direktes Durchziehen eines Lederriemchens durch die Bohrung oder Befestigung mit einer Metallöse zum Durchführen des Lederriemchens.
Varianten ⤳ *Techniken / Stiftchen setzen, S. 150*	Schmuckstücke aus Kokosschale eignen sich gut für das Kombinieren mit Metallen, zum Beispiel Silber: Runddrahtstücke einkleben/Zierfiguren (Blech oder Draht) anbringen.

Haarspangen

Ausgangsmaterial	• Metalle: Buntmetallbleche, Silberblech 0,8/1mm • Harthölzer mit interessanten Jahrringzeichnungen und Farbmustern • Fotokarton für Haarspangen- und Anhängermodelle
Anmerkung	Haarspangen können mit einer Schmuckabteilung nur bei Bedarf (lange Haare) und speziellem Interesse hergestellt werden. Es empfiehlt sich, Haarspangen als Zweitthema, zum Beispiel neben Anhängern aus Holz, umzusetzen.
Werkzeuge/Hilfsmittel	Normale Werkstattausrüstung für Holz- und/oder Metallwerkstatt Zusätzlich kann ein Frontalschleifer oder eine Bandschleifmaschine sehr hilfreich sein. – Vorsicht auf die Finger!
Einstieg	Wirkung der Jahrringzeichnungen und Farben mit einem geeigneten Holz demonstrieren (z.B. Olive, Buchsbaum, Essigbaum usw.) Fertige Haarspangenbeispiele aus Holz oder Kokosschale zeigen. Anhänger aus Holz zeigen.
Praktische Ausführung	• Entwürfe der äusseren Form (Silhouette) herstellen (Fotokarton), wahlweise Haarspangen oder Anhänger • Holzrohling auslesen und Grobform zurechtsägen mit der Bandsäge/Decoupiersäge/Feinsäge, Metallsäge • Silhouette und Dicke den Vorstellungen entsprechend erarbeiten/entwickeln: Raspeln, Feilen, Schleifmaschinen, Schleifpapier • Die innere Wölbung muss möglichst genau der Wölbung der gekauften Befestigungsklammer entsprechen, damit beim Kleben keine Schwierigkeiten entstehen. • Feinschliff der Haarspange/des Anhängers • Vorderseite an der Poliermaschine (sauberer Schwabbel) polieren • Haarspange: Haarklammer mit Zweikomponentenkleber aufkleben
Varianten ⇢ *Fingerringe aus Acryl, S. 39*	Die Holzhaarspangen können mit Blechfiguren (gesägt/geschmolzen/getrieben) oder mit Drähten (rund/gewalzt, gehämmert/geformt) verziert werden. Auch eingeklebte Runddrahtstücke verschiedenen Durchmessers eignen sich als Zierelemente der Holzspangen. Die verschiedenartige Oberflächenbearbeitung ermöglicht neben der Formenvielfalt besondere Effekte bei Haarspangen aus Metallen. Auch Kombinationen von verschiedenen Elementen aus unterschiedlichen Metallen können miteinander verlötet werden.

Haarnadeln

Ausgangsmaterial	• Silberblech 0,5/0,8 mm
	• Haarnadelrohlinge mit Plättchen zum Kleben (Handel)
	• Silberdraht 1 mm zum Walzen/Flachhämmern
	• Fotokarton für Modelle
Anmerkung	Da der Aufwand zur Herstellung von «einfachen» Haarnadeln relativ aufwändig ist, empfehlen wir die Verwendung käuflicher (Bastel-)Modelle. Der eigentliche Schmuck wird nach dessen Fertigstellung auf dem hierfür vorgesehenen Klebeplättchen befestigt.
Werkzeuge/Hilfsmittel	• Uhrmachersäge
	• Nadelfeilen
	• Schleif- und Poliermittel
	• Zweikomponentenkleber
Praktische Ausführung	• Nach einer kurzen Entwurfsphase beginnen wir mit einer Sägeübung: Sägen von dünnem Silberblech. Dazu kleben wir das dünne Blech mit Sekundenkleber auf ein Messingblech (etwa 0,8 mm dick).
	• Dieses Sandwich sägen wir nun als Ganzes (beide Bleche gleichzeitig) durch. Auch das Feilen, Schleifen und allenfalls das Polieren erledigen wir in einem Arbeitsgang.
	• Ist die Rohform fertig, wärmen wir das Metallsandwich mit dem Lötbrenner (weiche Flamme/Schmorgefahr!). Der Klebstoff verbrennt dabei und die fertigen (identischen) Einzelteile lösen sich von alleine. – Dies ist übrigens eine bewährte Methode, um deckungsgleiche oder symmetrische Einzelteile zeitsparend herzustellen (z.B. Kettenglieder).
	• Die fertigen Schmuckfiguren werden mit einem Zweikomponentenkleber auf dem Klebeplättchen der Haarnadel festgeklebt.
	• Wer keine käuflichen Haarnadeln verwenden will, kann sich die Nadel mit Silberdraht selbst biegen. Dazu wird der Draht zuerst mit einer Walze flachgewalzt. Dadurch erhält er eine gute Spannung.
	• In diesem Fall kann das Schmuckelement direkt auf die Nadel gelötet werden. – Die Nadel muss allerdings anschliessend wieder gehärtet werden, da sie durch die Hitze beim Löten weich geworden ist. Dies geschieht, indem man die Form der Spange mit Schmuckzangen erst nach dem Löten biegt und das flach bleibende Stück des Drahtes mit Hammerschlägen härtet.
Varianten	Natürlich kann man auch käufliche Fertigteile (Keramik, Kunststoff, Fimo usw.) auf den Haarnadeln festkleben, um sich sein Haar im Sinne eines Hair-Piercing zu schmücken.

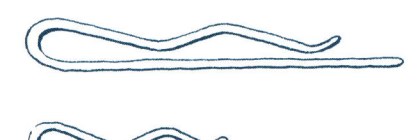

Vorlagen für das Biegen einer Haarnadel

Broschen/Anhänger/Haarschmuck

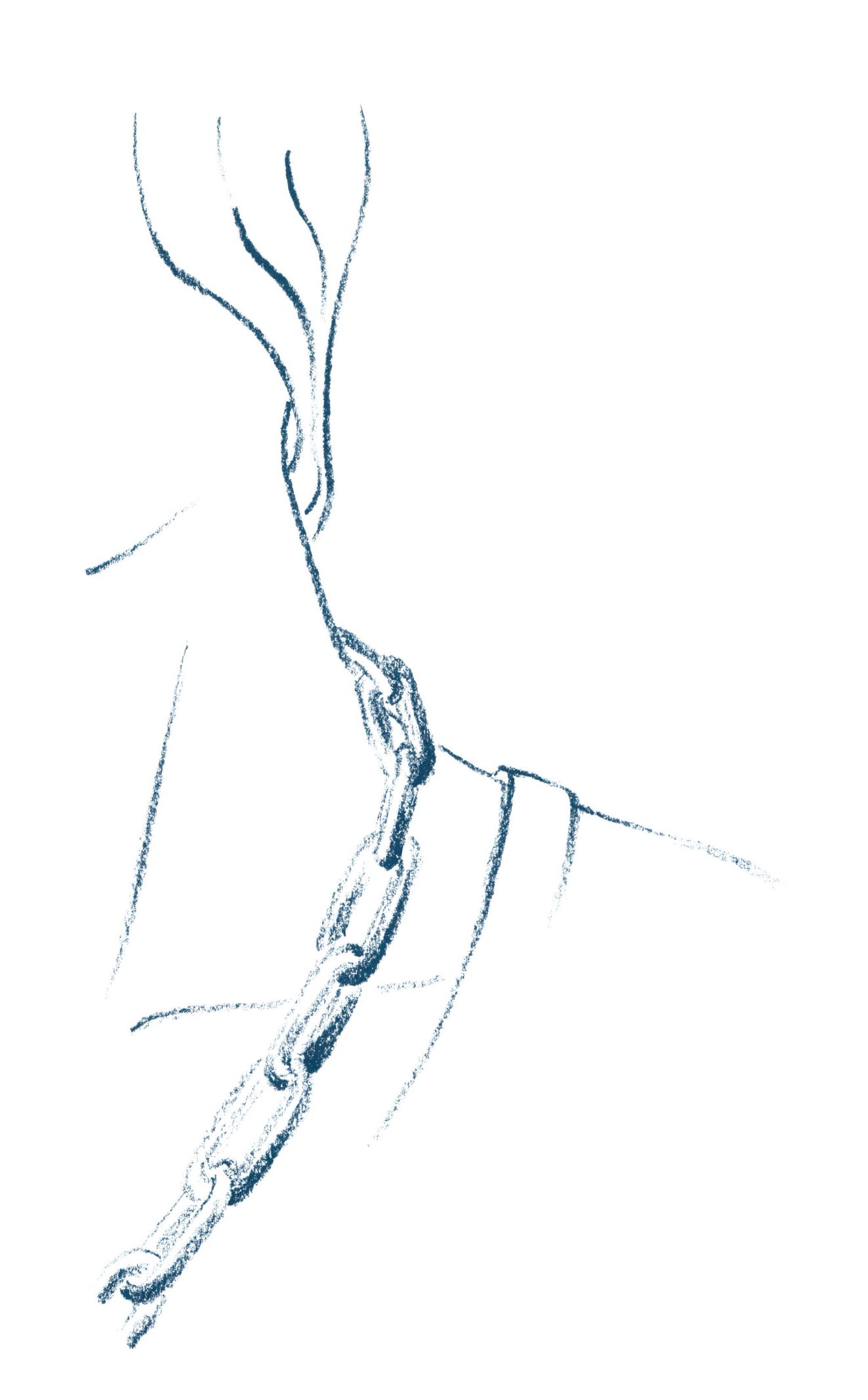

Arm- und Halsketten

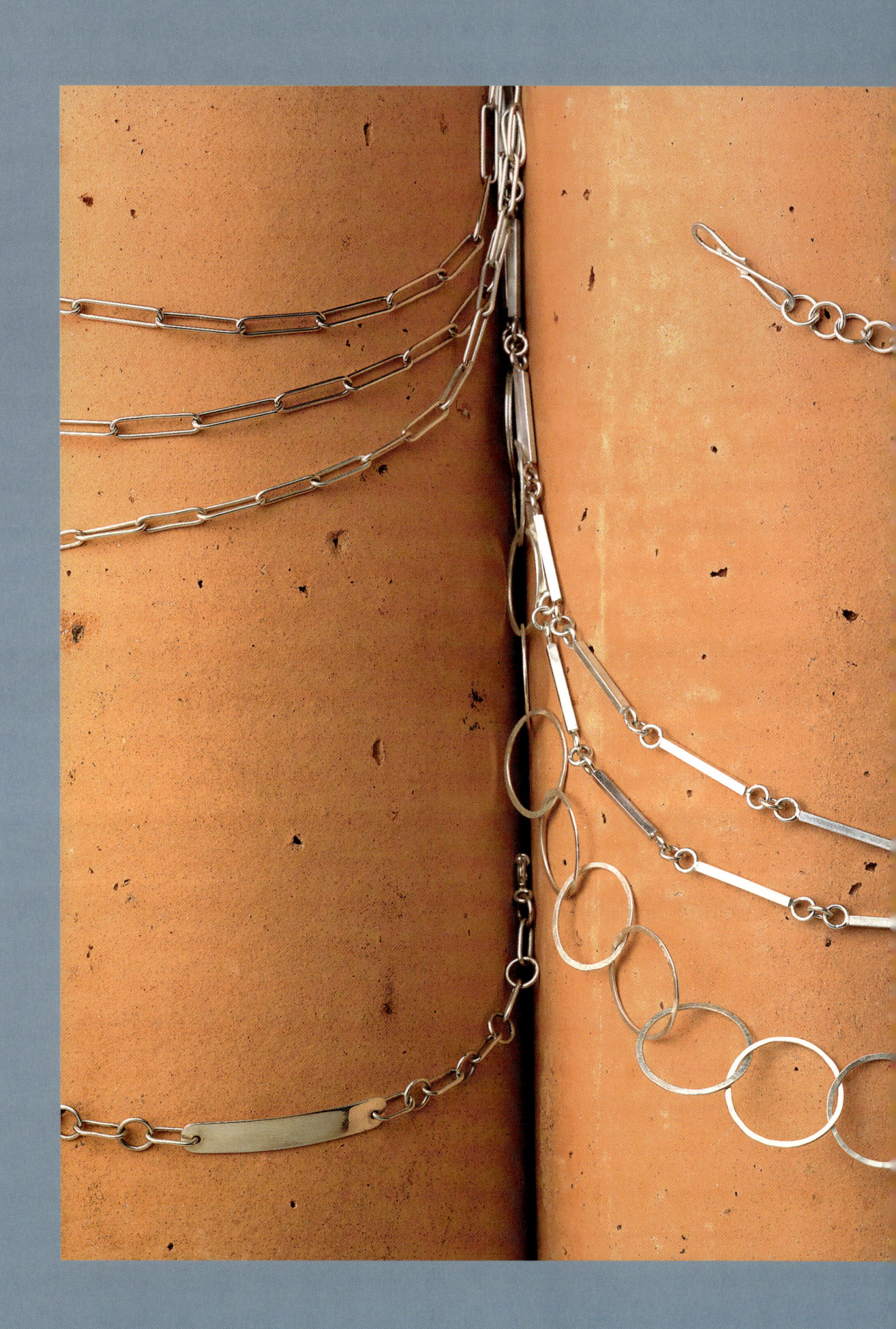

Arm- und Halsketten aus Silberdraht und Silberblech

Ausgangsmaterial
- Silberdraht ø 1/1,5 mm
- Silberblech 0,8/1/1,5 mm
- Diverse Buntmetalldrähte und -bleche (für Muster)

Anmerkung
Die Wiederholung der einzelnen Elemente bei Ketten bedingt eine möglichst rationelle Herstellung der Einzelteile. Gleichzeitig brauchen die Schülerinnen und Schüler eine gewisse Ausdauer. Daneben bringt das Üben von gleichen und ähnlichen Arbeitsgängen grosse und schnelle Fortschritte im technischen Bereich. Besonders wichtig ist in diesem Themenbereich aber die persönliche Motivation zur Gestaltung und Herstellung einer Kette. Wir verzichten deshalb auf das Herstellen eines «einheitlichen Klassenmodells» einer Kette, auch wenn dieser Weg von der Organisation her für die Lehrperson wesentlich aufwändiger und anspruchsvoller ist.

Werkzeuge/Hilfsmittel
- Schmuckzangen
- Verschiedene Nadelfeilen
- Seegerringzange(n) (zum Richten/Strecken von Ösen)
- Lehren (Bandeisenabschnitte mit gerundeten Kanten) für Serienherstellungen
- Treibfäuste, Treibhämmer zum Abhämmern
- Schnellkleber (Serienherstellung von Figuren aus Blech)
- Evtl. Walze zum Walzen von Drahtelementen
- Feine Messingdrahtbürste

Einstieg
Demonstration einiger Techniken:
- Strecken von Draht
- Serienherstellung von Ösen und Ringen
- Serienherstellung von Figuren aus Blech
- Vorstellen verschiedener Verbindungsmöglichkeiten von Draht- und Plättchenelementen
- Abhämmern von Draht und Plättchen
- Skizzieren und Ausführen eines möglichen Musters aus Buntmetall

Bevor wir mit den Schülerinnen zur praktischen Umsetzung ihrer Ideen übergehen, vergleichen wir die verschiedenen entstandenen Muster gemeinsam auf deren technische Herstellung (Möglichkeiten und Grenzen), die Funktion und die Wirkung am Körper.

Praktische Ausführung

⇢ *Arm- und Halsketten, S. 96*

⇢ *Fingerringe aus Runddraht, S. 60*

Serienherstellung der Einzelteile aus Silberdraht oder Silberblech
Arbeit mit Silberdraht ø 1 bis 1,5 mm
Prinzip: Die Kettenglieder werden von einem spulenförmig aufgewickelten Silberdrahtstück weggesägt.
- Entscheid für das Modell der Kette/Art der Kettenglieder
- Auswahl und Vorbereitung der passenden Lehre (Bandeisenstück/Rundstab/…)
- Allfällige Kanten mit Feile und Schleifpapier brechen.
- Draht zusammen mit der Lehre in den Schraubstock spannen und unter ständigem Zug parallel um die Lehre wickeln.

Ketten aus Drahtelementen

Ketten aus Draht- und Blechelementen

Arm– und Halsketten

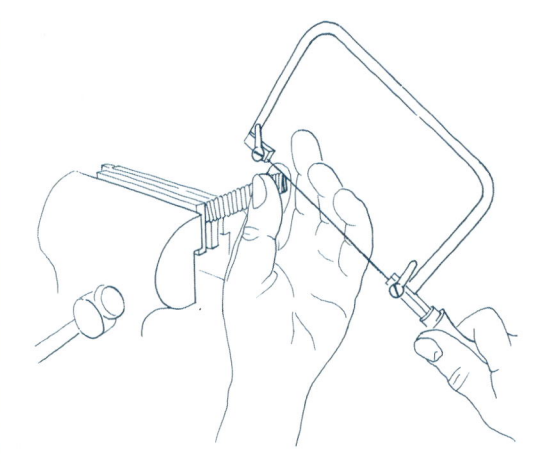

Um für das Wegsägen der Einzelglieder genügend Spiel zu haben, kann die Lehre vorgängig mit Papier umwickelt werden. Dieses wird nach dem Wickeln weggebrannt.
- Gewickelte Lehre leicht in Schraubstock einspannen (Schutzbacken als Anschlag benützen!) und Drahtspirale mit der Uhrmachersäge (mittelfeine Zahnung, etwa Nr. 0) aufsägen. Sägeebene beachten: Lehren (Rundstäbe, Bandeisen usw.) sind Hilfswerkzeuge und werden durch diese Arbeit leicht angesägt.
- Kettenglieder mit zwei Flachzangen richten (Ebene/Sägeschnitt = Lötstelle, evtl. mit Nadelfeile Grat entfernen)
- Die Hälfte der Einzelglieder verlöten. Die Reihenfolge beim Zusammenlöten der Einzelglieder zu einer ganzen Kette muss gut überlegt sein.
Die nachstehende Zeichnung zeigt den Ablauf:

Aufsägen von Kettengliedern

Vorgehen beim Zusammenlöten der Ketten

1 Teil

3 Teile

7 Teile

15 Teile

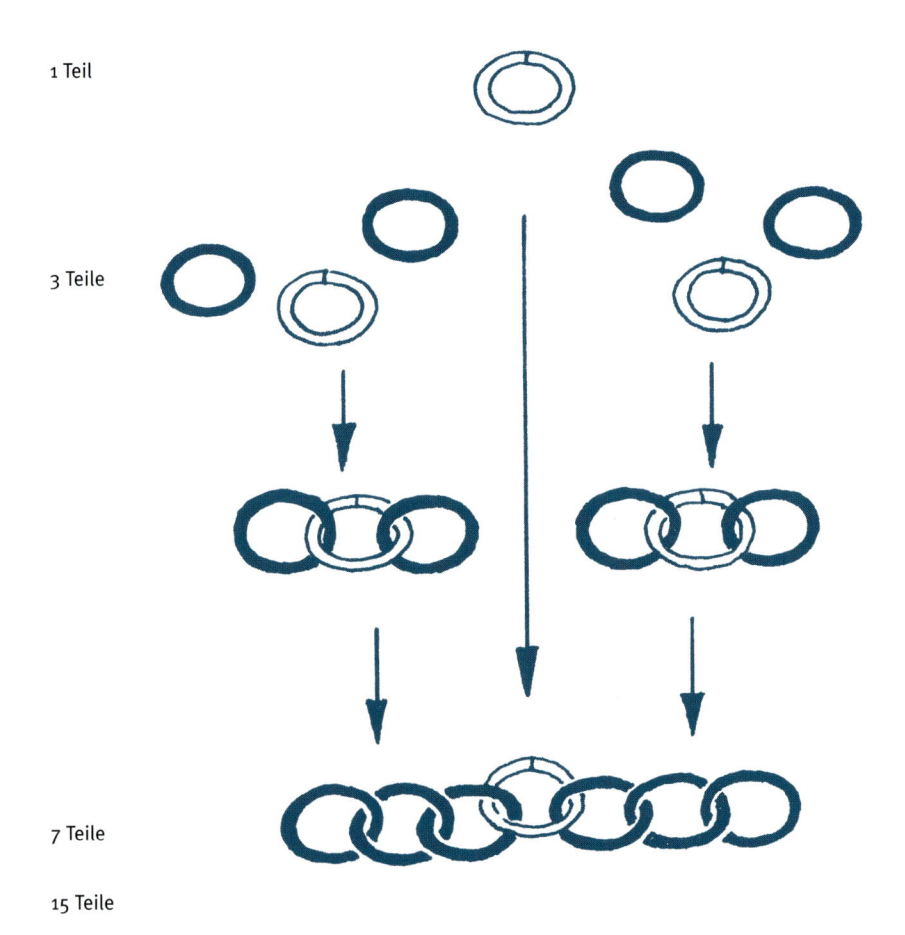

- Verlötete Kette abbeizen
- Lötstellen kontrollieren, evtl. nachfeilen und schleifen
- Ovale Glieder: Mit Seegerringzange in die Form drücken
- Kratzen der Kette mit der Messingbürste/Seifenwasser
- Einen passenden Verschluss entwickeln und umsetzen

Beispiele für Verschlüsse

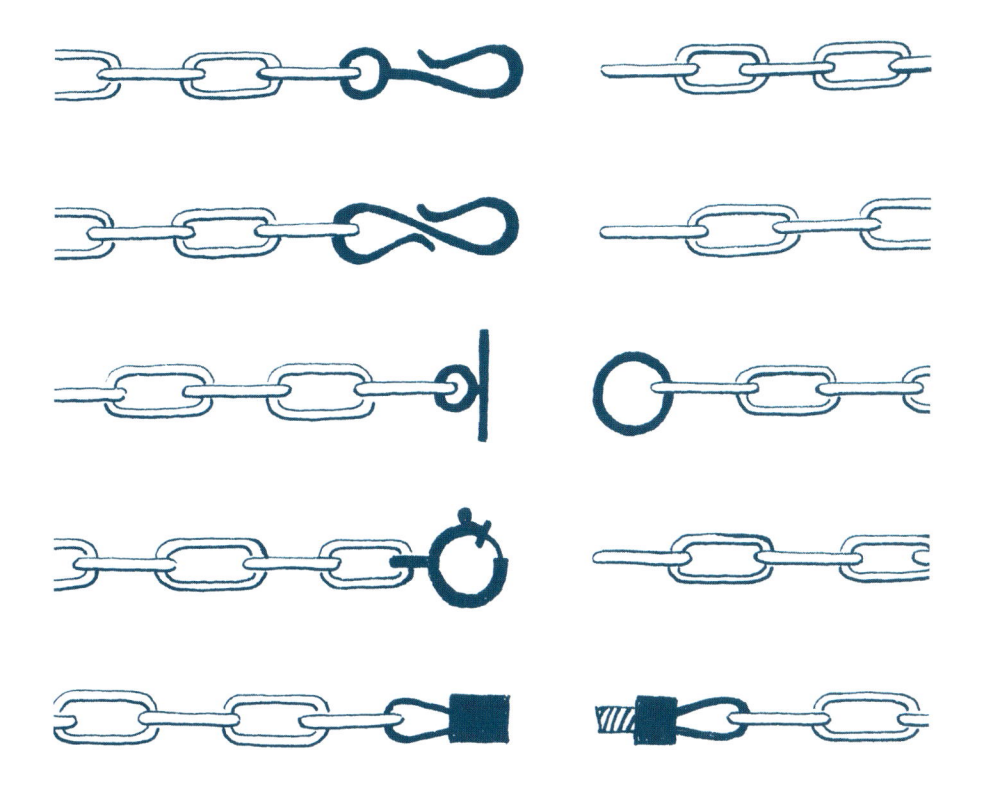

Bei der Herstellung von identischen Kettengliedern empfiehlt sich Teamarbeit. Jede Schülerin stellt mindestens eine Sorte von Ösen oder Ringen her. Überzählig produzierte Kettenglieder kommen in einen Vorratsbehälter. Auf diese Weise stehen zur Verlängerung von Ketten jederzeit genügend Reserveelemente zur Verfügung. Die endgültige Länge der Kette wird direkt am Hals bzw. Handgelenk bestimmt, durch Anfügen oder Entfernen einzelner Kettenglieder (Länge des Verschlusses in die Überlegungen miteinbeziehen!).

Arbeit mit Silberblech

Für das serielle Herstellen von identischen Kettenelementen aus Silberblech verwenden wir Sekundenkleber. Einige Blechteile werden mit dem Klebstoff aufeinander fixiert. Anschliessend wird die Endform mit dem Uhrmachersägebogen ausgesägt. Um Arbeit zu sparen, werden die Ränder der Elemente anschliessend vorpoliert. Mit einer weichen Flamme werden die Blechteile erwärmt, bis der Klebstoff verbrannt ist und sich die einzelnen Elemente voneinander lösen.

Nun werden die Blechfiguren mit Ösen oder gestalteten Drahtelementen miteinander zu einer Kette verbunden. Die noch offenen Drähte werden zum Schluss zugelötet, damit die Kette beim Tragen nicht reisst.

Arm- und Halsketten

Varianten

Für das Gestalten von Ketten können, nebst Silberdraht und Silberblech, fast beliebig andere Materialien verwendet werden: Holz, Kunststoffe, natürliche Produkte (Früchte, Steine usw.)

Gestaltet man Ketten mit gebohrten Elementen (Stäbchen, Röhrchen, Steine), empfiehlt sich das Aufziehen auf Stahlkabel, Silch, Gummischnur, Leder oder Ähnliches.

⤑ *Broschen oder Anhänger aus Metallen, S. 83*

Schmuckelemente und entsprechende Verschlüsse sind in Geschäften für Modeschmuckzubehör erhältlich.

Arm- und Halsketten

Steine fassen

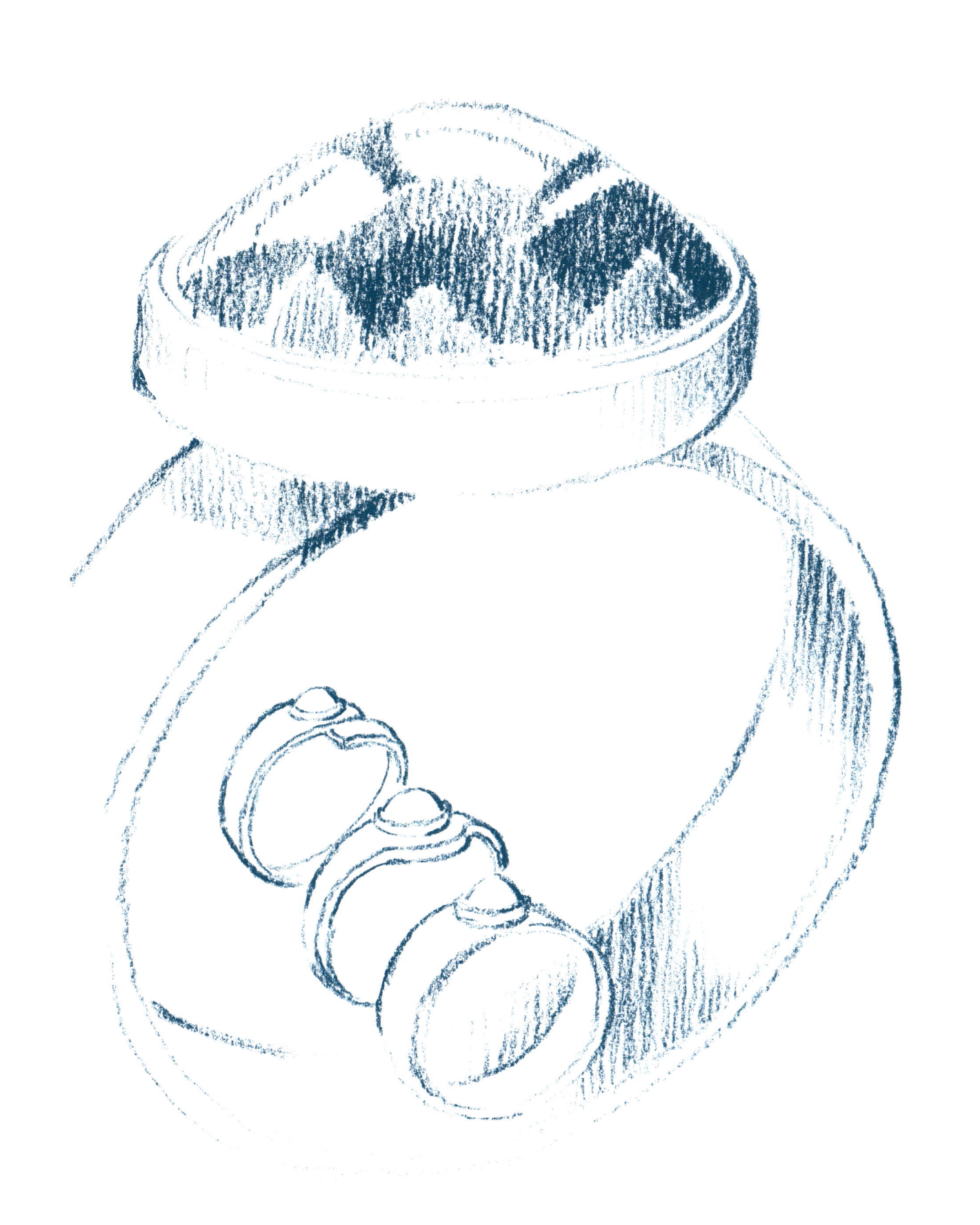

Geschlossene Fassungen

Ausgangsmaterial	• Silberblech 0,5/0,8 mm, für Zargen • Silberblech 0,8/1,0 mm, für Böden • Silberdraht ø 1 mm, für Ösen/Ohrstecker • Ohrsteckermuttern • Kieselsteine, Glas- und Schmucksteine • Lote mit drei verschiedenen Schmelzpunkten: – für Zargen: höchster Schmelzpunkt – für Zargen auf Boden: mittlerer Schmelzpunkt – für Boden auf Ring oder für Ösen/Stecker (Stiftchen) an Boden: tiefster Schmelzpunkt
Anmerkung	Wir erläutern als Grundbeispiel eine einfache, für Schüler machbare Variante von Fassungen für Steine mit plan geschliffenem Boden (Cabochon-Schliff). Kieselsteine (Meeresstrand!) zeigen wunderschöne Farben und Strukturen. Gefasste Steine lassen sich zu Ringen, Anhängern, Broschen, Ohrsteckern weiterverarbeiten. Spezielle Fassungen (z.B. für unregelmässige Formen) zeigen wir unter «Varianten».
Werkzeuge, Hilfsmittel	• Schmuckzangen • Biegedorne, evtl. Ösenriegel (für Zargen) • flacher Rundpunzen (als «Fasserstahl») • Polierstahl
Einstieg	Zur Vorbereitung schleifen wir die untere Seite des Steines plan. Steine lassen sich auf einem grobkörnigen Korundtuch (Körnung 60/80) mit wenig Aufwand plan schleifen.

Vorbereitung der Steine durch Schleifen

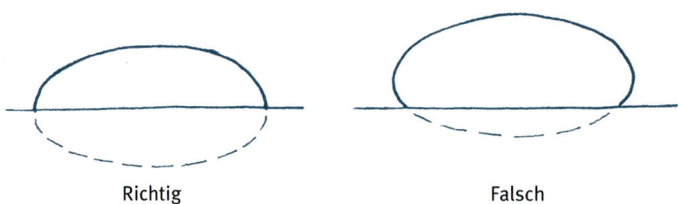

Richtig   Falsch

Praktische Ausführung Zargen
• Ag-Blech (z.B. 0,8 mm) mit Tafelblechschere in Streifen schneiden. Die Breite des Streifens ergibt sich aus der Steinform.

Steinform und Streifenhöhe für Zargen

• Streifen passgenau formen (an Stein angepasst/leicht überlappend)
• Zargen auf knappe Länge richten
• Form überprüfen und evtl. nachrichten

- Zarge verlöten (Lot mit höchstem Schmelzpunkt)
- Zarge auf Stein aufsetzen und nach unten drücken. Ist der Fassring zu klein, erweitern wir ihn auf dem Runddorn oder Ösenriegel mit wenigen Hammerschlägen. Sollte der Fassring zu gross sein, müssen wir davon ein entsprechendes Stück heraussägen und ihn neu verlöten.
- Zarge auf der Unterseite auf Korundtuch (vorsichtig!) plan schleifen: Form darf sich nicht verändern. Sicherheitshalber überprüfen wir deshalb die Form nach dem Schleifen ein zweites Mal.

Zargen auf Boden auflöten
- Lot mit mittlerem Schmelzpunkt verwenden
- Von unten vorheizen und Lot anschliessend schräg von oben (rund herum) mit der Flamme nach aussen ziehen

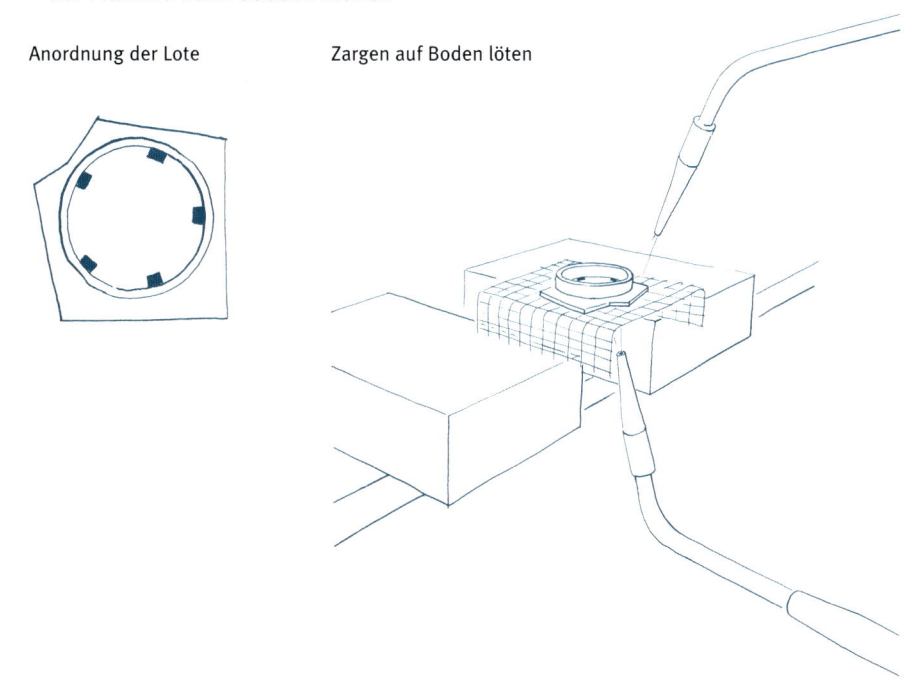

Anordnung der Lote   Zargen auf Boden löten

- Vorstehende Bodenfläche nahe der Zarge entlang wegsägen (senkrechte Sägeblattführung beachten!)
- Aussenform bündig feilen, schleifen, polieren (oder erwünschte Oberflächenstruktur anbringen)
- Achtung: Im Boden kleines Loch bohren (ø etwa 1 mm), um den Stein beim definitiven Einpassen und beim Richten der endgültigen Zargenhöhe wieder problemlos lösen zu können. Drahtstift durch Loch einführen
- Zargenhöhe mit Feile oder auf Korundtuch genau richten, evtl. polieren

Weiterverarbeitung
- Die fertige Fassung wird nun weiterverarbeitet als Ringbestandteil, als Anhänger, Brosche oder Ohrstecker.
- Nachdem alle weiteren Folgelötungen und Oberflächengestaltungsarbeiten abgeschlossen sind, wird als letzte Arbeit das Fassen des Steines in Angriff genommen.
- «Fassen»: Die Zarge wird mit einem flachen Rundpunzen (als «Fasserstahl») an den Stein gedrückt.

- Bei «schönen» (regelmässigen/teuren) Steinen wird vor dem Fassen an der Zarge oben evtl. eine kleine Facette angebracht.
- Eine allfällige Nachpolitur der oberen Zargenkante erzeugen wir mit einem Polierstahl.

Als Vorbereitung des Runddrahtringes oder der Ringschiene wird zur Vergrösserung der Lötfläche an der ursprünglichen Lötstelle eine kleine Fläche gefeilt. Mit dem weichsten Lot wird der Ring hierauf auf den Boden der Fassung aufgelötet.

Rundring   Ringschiene

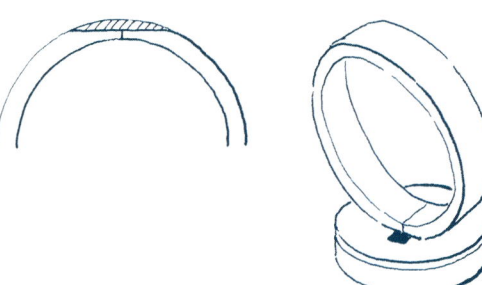

Weiterverarbeitung als Ring

3 Varianten zum Gestalten und Befestigen der Fassung

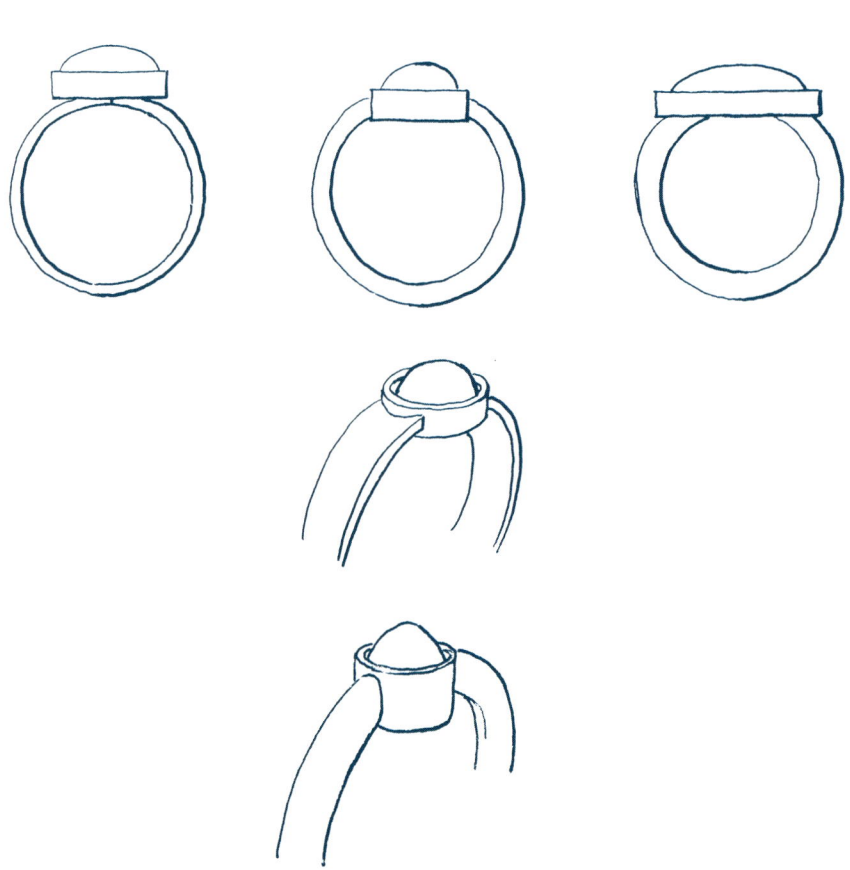

Weiterverarbeitung als Anhänger
Die Aufhängeöse kann sichtbar oder versteckt befestigt werden. Mit zwei Ösen verhindert man, dass sich die Brosche beim Tragen dreht.

Befestigen der Ösen für einen Anhänger

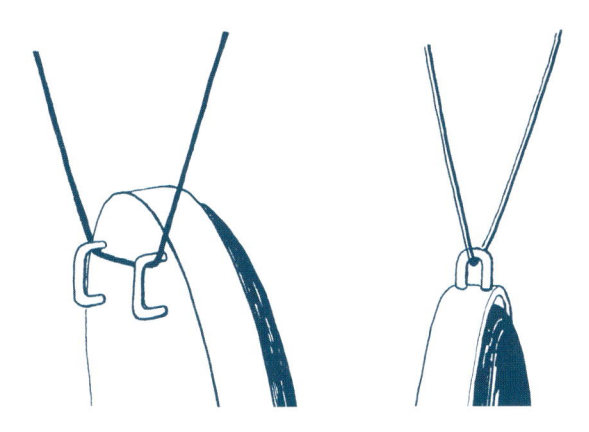

Weiterverarbeitung als Brosche
An Stelle einer Öse setzt man auf der Rückseite der Fassung eine Broschierung (Nadel mit Sicherung). Diese kann auch weich aufgelötet oder geklebt werden. Durch das Kleben verhindert man, dass die Spannung des Verschlusses durch Überhitzung verloren geht. Der Verschluss muss so befestigt werden, dass die Brosche beim Tragen nicht kippt!

Weiterverarbeitung als Ohrstecker
Setzt man auf der Rückseite der Fassung ein Stiftchen, kann die Fassung als Ohrstecker verwendet werden (auf Gewicht achten!). Das Stiftchen wird etwa 10 bis 12 mm lang. Mit dem Seitenschneider versehen wir es mit zwei Kerben zum besseren Halt der Ohrsteckermutter.

Varianten   ### Geschlossene Fassung/unregelmässige Formen
Im Prinzip können wir jede äussere Form eines Materials fassen. Nebst Kieselsteinen, Steinen mit Cabochon-Schliff, Glassteinen, Holz, Acryl usw. kommen viele Materialien und Formen zum Fassen in Frage.

Unregelmässige Steinform

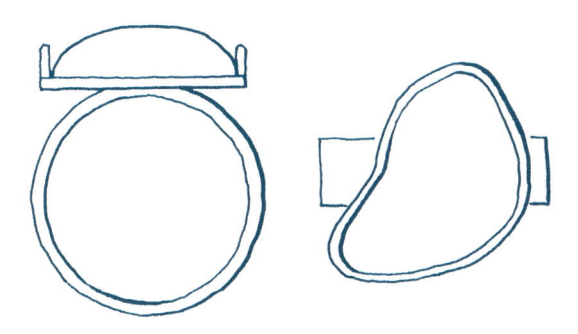

Steine fassen

Offene Fassungen

Geschlossene ···> Offene Fassung

Ist ein Stein klar durchsichtig oder leicht durchscheinend, kommen seine Farben und Strukturen besser zur Geltung, wenn wir den Boden der Fassung aufsägen, bis nur noch ein Rand stehen bleibt.

Offene Fassung

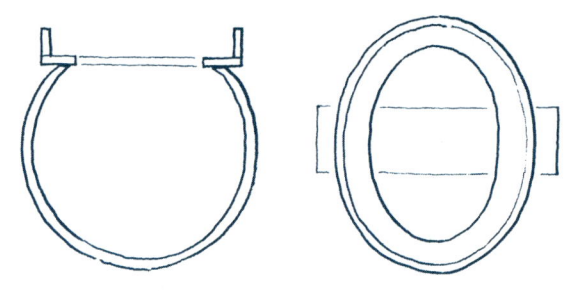

Kann bei einem Stein der Boden nicht plan geschliffen werden, besteht die Möglichkeit, ihn mit einem Silberband (schmaler Blechstreifen) oder mit einem Silberdraht zu befestigen. Das Blech bzw. der Runddraht wird dabei mit der Schmuckzange zu einer Art Greifer geformt.
Die beiden Blechstreifen werden übereinander liegend miteinander verlötet.

Fassung mit Ag-Blech

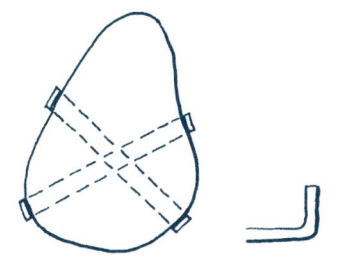

Je nach Form des Steines werden drei oder mehrere Greifer verwendet. Diese können auf der Unterseite in einem Arbeitsgang zusammengelötet werden (Drähte vorher genau anpassen).

Fassung mit Ag-Runddraht

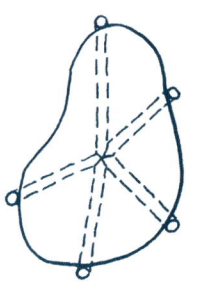

Giessen

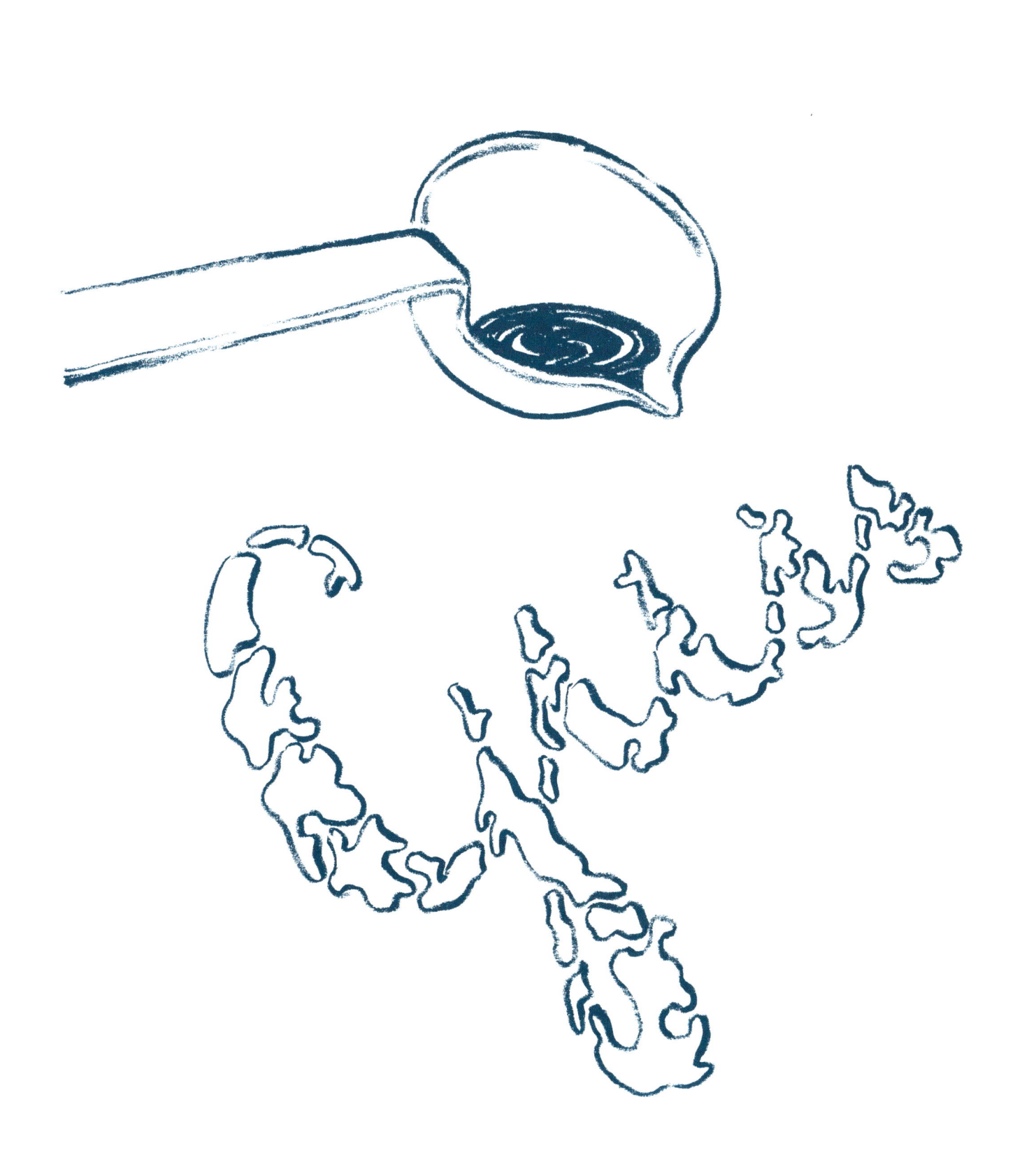

Ossa-Sepia-Guss

Ausgangsmaterial	Ossa-Sepia-Schalen
Anmerkung	Ossa-Sepia-Schalen sind die Rückenschutz-«Knochen» von Tintenfischen. Wir kennen sie auch aus Vogelkäfigen als Schnabelwetzhilfe. Der Ossa-Sepia-Guss ist eine einfache, billige und relativ sichere Giessmethode. Die Grösse des Gusses ist allerdings begrenzt durch die Tiefe und Grösse der Schalen. Die Form kann nur einmal verwendet werden. Das Resultat ist teilweise dem Zufall unterworfen, und somit ist jeder neue Guss ein Unikat. Typisch für Ossa-Sepia-Güsse sind also die besonderen Strukturen. Diese sind als zufällige Gestaltungsmuster unbedingt zu erhalten.
Werkzeuge, Hilfsmittel	• Metallbügelsäge • Korundtuch grob (etwa Körnung 80), mittel (220) • Feinwerkzeuge: Metalldrückerwerkzeuge, Strickenadeln und abgerundete Drähte für Formarbeiten in der Ossa Sepia • Bindedraht • Schmelztiegel mit Halterung • Silber zum Giessen (Altsilber/Restensilber, Gusswürfel) • Flussmittel • Evtl. Schmelzpulver (zur besseren Schlackenbindung) • Petroleum technisch • Feiner Haarpinsel • Dunkle Schutzbrillen (für Schmelz- und Giessvorgang)
Praktische Ausführung	• Beide Enden der Schale mit der Metallbügelsäge wegsägen • Ossa-Sepia-Schale mit der Metallbügelsäge halbieren

Enden wegsägen

Halbieren der Schale

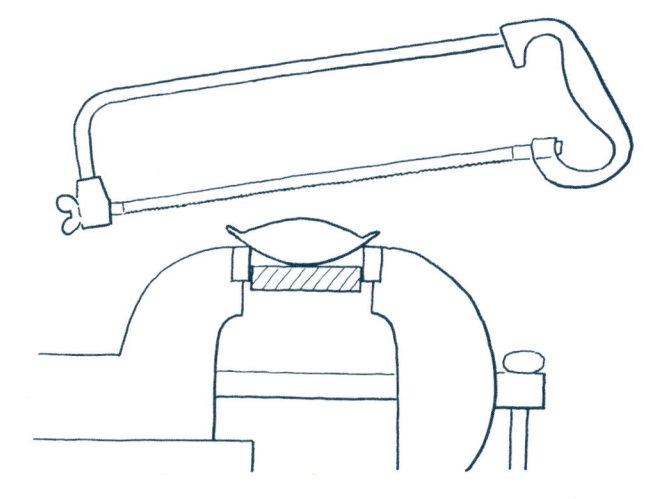

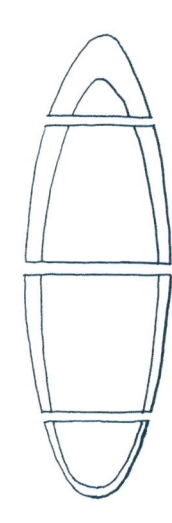

- Beide Schalenhälften mit dem Korundtuch 220 absolut plan schleifen
- Mit dem Korundtuch 80 Schalenhälften zusammengefügt auf genau gleiche Länge richten (Standfestigkeit!)

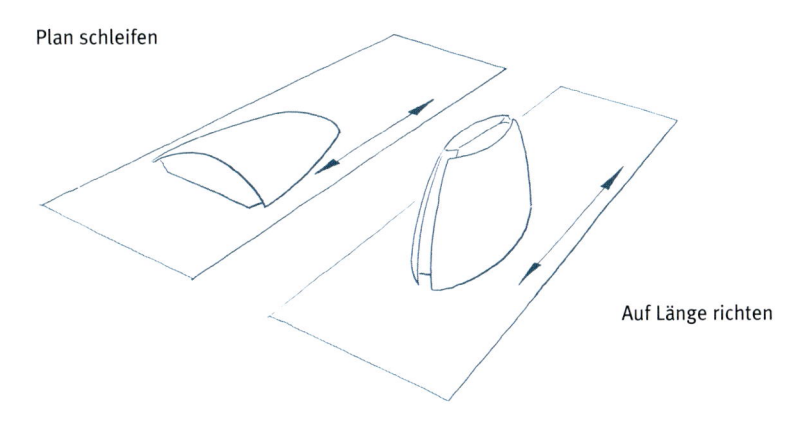

Plan schleifen

Auf Länge richten

- Modell der Ausgangsform bis zur Hälfte eindrücken. Dazu kann ein einfacher Rundring gewählt werden, dessen Abdruck später mit Feinwerkzeug zur gewünschten Form erweitert wird.
- Zweite Schalenhälfte aufsetzen und eindrücken, bis die Sepia-Hälften satt aufeinander passen.
- Die beiden Hälften zusammenzeichnen z. B. mit spitzem Bleistift (= Passmarken für die Fortsetzung der Arbeiten)
- Sepia-Hälften trennen
- Modell/Musterform sorgfältig entfernen
- Ausgangsform evtl. mit Feinwerkzeug abwandeln (korrigieren, ausweiten, verbreitern)
- Eingusstrichter und Luftkanäle mit Feinwerkzeug herausschneiden
- Innenform evtl. mit einem feinen, relativ festen Haarpinsel auspinseln (zur Verdeutlichung der Sepia-Strukturen)
- Innenflächen mit Petrol mit einem feinen, weichen Haarpinsel einpinseln (zur Verdichtung der Gussform)
- Beide Schalenhälften genau zusammensetzen
- Satt zusammenbinden mit Blumendraht/Bindedraht

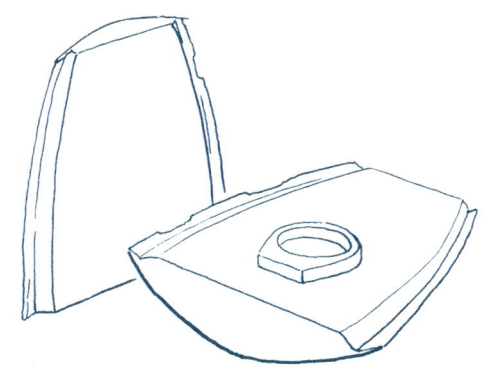

Eindrücken der Form

Passmarken/Zusammenzeichnen

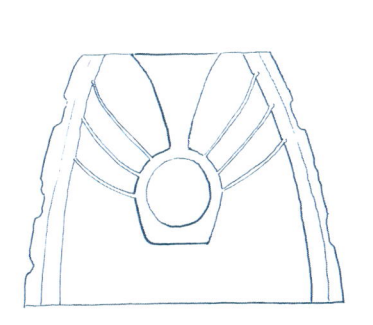

Eingusstrichter Luftkanäle

Binden mit Blumendraht

Giessen

Giessen

- Sichern beim Hinstellen, z.B. mit Schamottsteinen
- Silber mit dem grossen Brenner in einem Tiegel schmelzen (ungefähr doppelte Menge des Gussobjektes)
- Der Eingusstrichter muss beim Giessen ebenfalls gefüllt werden (Druck).

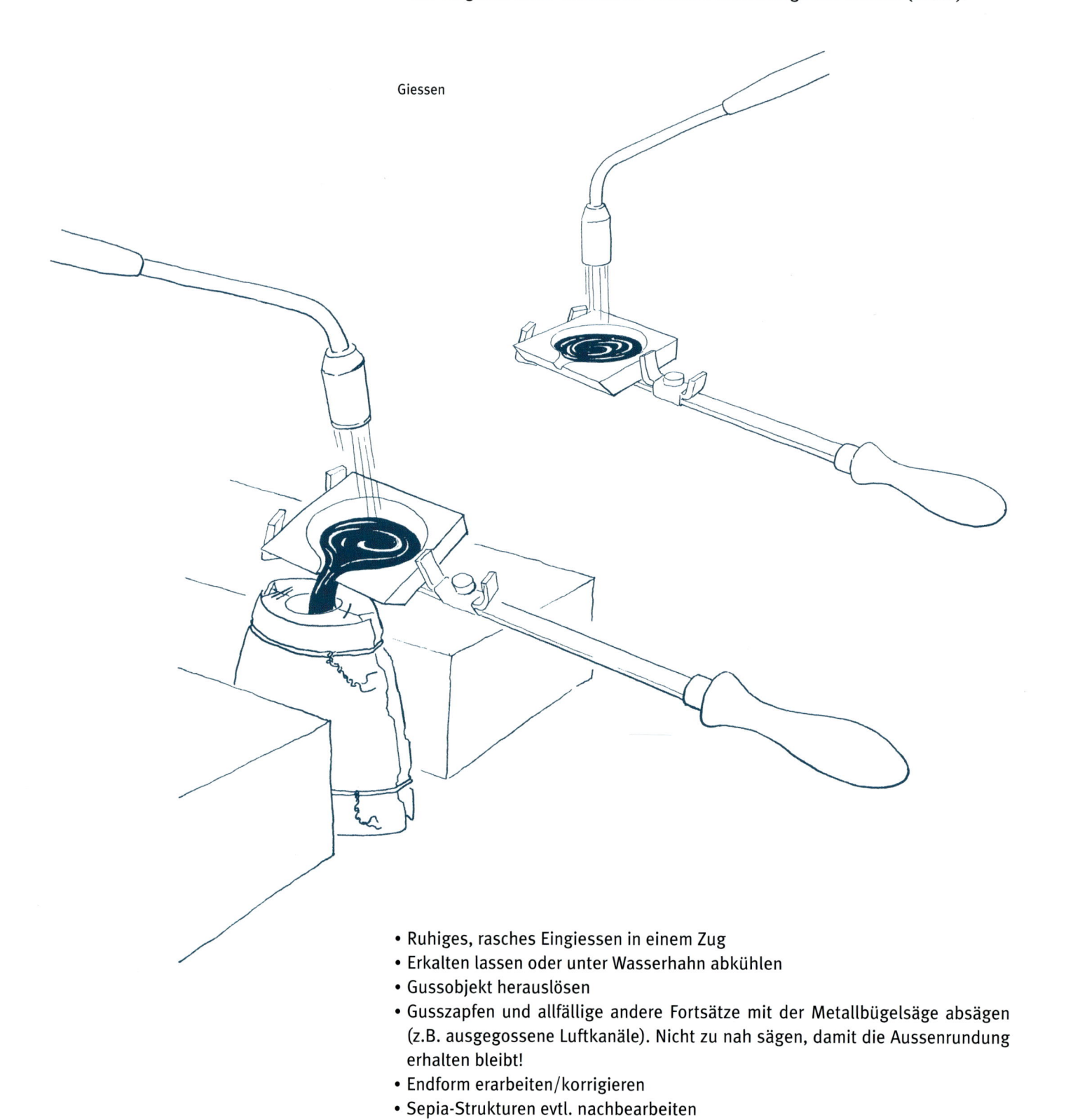

Giessen

- Ruhiges, rasches Eingiessen in einem Zug
- Erkalten lassen oder unter Wasserhahn abkühlen
- Gussobjekt herauslösen
- Gusszapfen und allfällige andere Fortsätze mit der Metallbügelsäge absägen (z.B. ausgegossene Luftkanäle). Nicht zu nah sägen, damit die Aussenrundung erhalten bleibt!
- Endform erarbeiten/korrigieren
- Sepia-Strukturen evtl. nachbearbeiten

Sandformenguss

«Delfter Giessmethode», nach Hans Karremann, Goldschmied in Delft, Niederlande. (Herstellung: Bullnheimer & Co. GmbH, Augsburg. Vertrieb Schweiz: Tschudin & Schneider, Zürich)

Ausgangsmaterial

Wachs in Stangenform:
- rund, mit zentriertem oder exzentrischem Loch
- mit Ringprofil

Anmerkung

Zeitbedarf im Unterricht! Da für eine Klasse selten mehr als ein bis zwei der benötigten Giessringpaare vorhanden sind und der eigentliche Giessvorgang etwa 1 Lektion dauert, müssen die nicht direkt beteiligten Schülerinnen und Schüler mit einer problemlosen, selbstständig zu erledigenden Parallelarbeit beschäftigt werden. Für eine gut eingespielte Schülerabteilung ist mindestens ein Quartal einzuplanen.
Es empfiehlt sich, Detailklärungen in der Kleingruppe durchzuführen: Der Umgang mit dem Brenner und das heikle Eingiessen werden auf diese Weise vorgängig «trocken» durchgespielt.

Werkzeuge/Hilfsmittel

- Wachsfeilen, evtl. Holzfeilen/-raspeln mit grobem Hieb (v.a. Halbrundfeilen) zum Bearbeiten von Wachsmodellen
- Gusssand
- Giessringe
- Silberschmiedehammer
- Schmelztiegel
- Silberreste, Silbergusswürfel
- Dunkle Schutzbrillen (für Schmelz- und Giessvorgang!)

Einstieg

Wir zeigen Wachsmodelle und Endprodukte in verschiedenen Grössen und Themen.
Das Giessen wird in Kurzform erläutert, unter Hinweis auf die technischen Grenzen (mit zwei Sandformhälften) bezüglich der gewählten Endformen.
Als Vorübung formen die Schülerinnen und Schüler einen Schmuckring aus Plastillin. Die verschiedenen Zierformen (Kerben, Nuten usw.) werden gemeinsam auf die Machbarkeit überprüft.

Praktische Ausführung

Wachsmodell
- Einen Abschnitt von der Wachsstange mit der Metallbügelsäge absägen

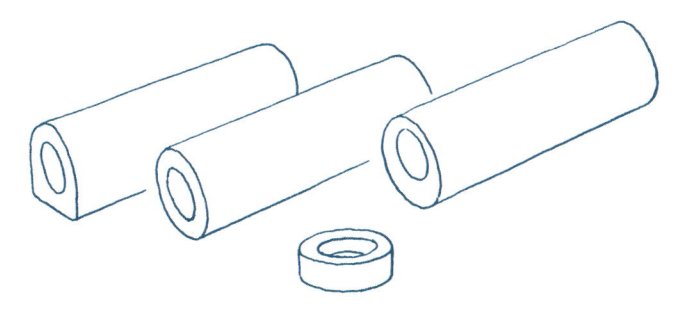

- Den Rohling mit der Wachsfeile formen, auf dem Feilbrettchen bzw. in der Hand. (In der Hand wird das Wachs schnell weicher und ist dadurch schwieriger zu bearbeiten.)

Giessen

- Öffnung auf den erforderlichen Innendurchmesser vergrössern
- Innendurchmesser gegen den Rand hin leicht erweitern (bedingt durch Giesstechnik/Sandform)

Günstige Querschnitte   Ungünstige Querschnitte

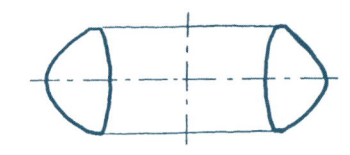

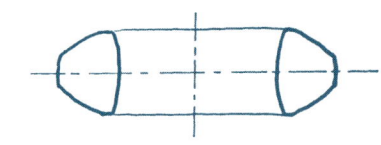

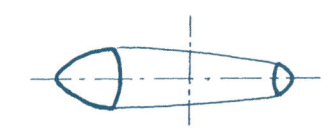

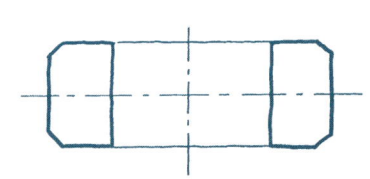

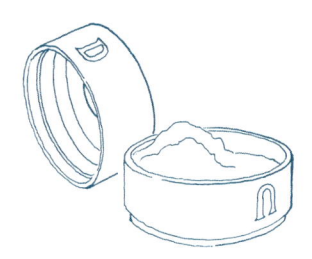

- Aussenform feilen
- Alle Flächen schleifen

Giessen mit Gussform
- Ring mit hochstehendem Rand nach unten auf plane Fläche (z.B. Hartpavatexplatte) stellen
- Ringinnenraum mit Gusssand ausfüllen
- Sand mit Hammer verdichten

- Vorstehenden Gusssand mit Massstab abstreichen
- Ausgefüllte Ringform umdrehen
- Das Wachsmodell wird sorgfältig bis zur Hälfte in den Gusssand gedrückt. Talkpuder auf die Fläche streuen und leicht einreiben (erleichtert des spätere Trennen).

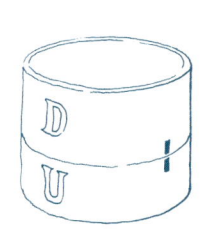

- Der zweite Ring wird auf den ersten gestellt. – Einkerbungen (Passmarken) übereinander gerichtet.

- Ausfüllen mit Gusssand, verdichten
- Nun werden die beiden Ringe voneinander getrennt.
- Wachsmodell herausheben, evtl. durch leichtes Bewegen (Drehen/Ausweiten) in der eingepressten Form, um ein Einbrechen des Sandes zu verhindern.

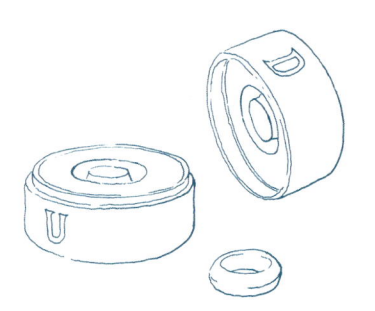

- In der oberen Sandformhälfte mit einem dünnen Rundstab (Draht) unter leichtem Drehen vorsichtig ein Loch durchstechen (als späteres Eingussrohr)
Achtung: Form auf Unterlage stellen!

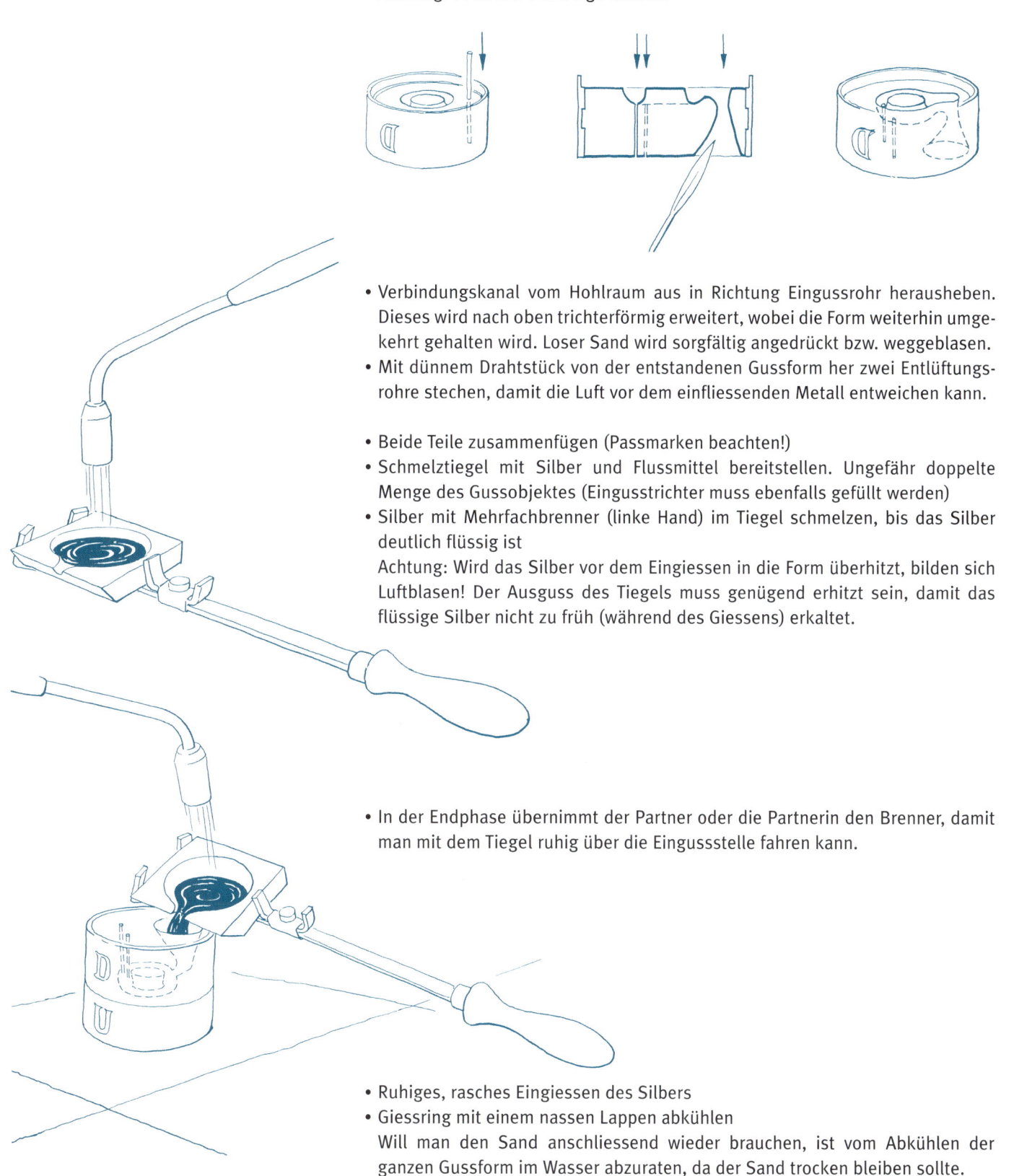

- Verbindungskanal vom Hohlraum aus in Richtung Eingussrohr herausheben. Dieses wird nach oben trichterförmig erweitert, wobei die Form weiterhin umgekehrt gehalten wird. Loser Sand wird sorgfältig angedrückt bzw. weggeblasen.
- Mit dünnem Drahtstück von der entstandenen Gussform her zwei Entlüftungsrohre stechen, damit die Luft vor dem einfliessenden Metall entweichen kann.

- Beide Teile zusammenfügen (Passmarken beachten!)
- Schmelztiegel mit Silber und Flussmittel bereitstellen. Ungefähr doppelte Menge des Gussobjektes (Eingusstrichter muss ebenfalls gefüllt werden)
- Silber mit Mehrfachbrenner (linke Hand) im Tiegel schmelzen, bis das Silber deutlich flüssig ist
Achtung: Wird das Silber vor dem Eingiessen in die Form überhitzt, bilden sich Luftblasen! Der Ausguss des Tiegels muss genügend erhitzt sein, damit das flüssige Silber nicht zu früh (während des Giessens) erkaltet.

- In der Endphase übernimmt der Partner oder die Partnerin den Brenner, damit man mit dem Tiegel ruhig über die Eingussstelle fahren kann.

- Ruhiges, rasches Eingiessen des Silbers
- Giessring mit einem nassen Lappen abkühlen
Will man den Sand anschliessend wieder brauchen, ist vom Abkühlen der ganzen Gussform im Wasser abzuraten, da der Sand trocken bleiben sollte.

Giessen

- Das Gussstück kann mit einem Hammer aus der Form herausgeschlagen werden. – Achtung: Es ist immer noch sehr heiss!
- Der verbrannte Gusssand (schwarz) wird vom sauberen getrennt und weggeworfen. Der Rest kann wieder verwendet werden.

Weiterarbeit am Gussrohling
- Eingusszapfen und allfällige Stäbchen (Entlüftungsrohre) wegsägen
- Mit grober Feile Sägestellen ausgleichen
- Ringinnenflächen mit Halbrund- oder Ringfeile genau anpassen. – Bei breiten Ringen ist genügend Spielraum vorzusehen.
- Aussenflächen feilen, schleifen (polieren). Evtl. Zierkerben, Nuten usw. anbringen.
- Kleine schwarze Löchlein im Gussrohling sind auf zu hohe Schmelztemperatur zurückzuführen.

Arbeiten mit Titan

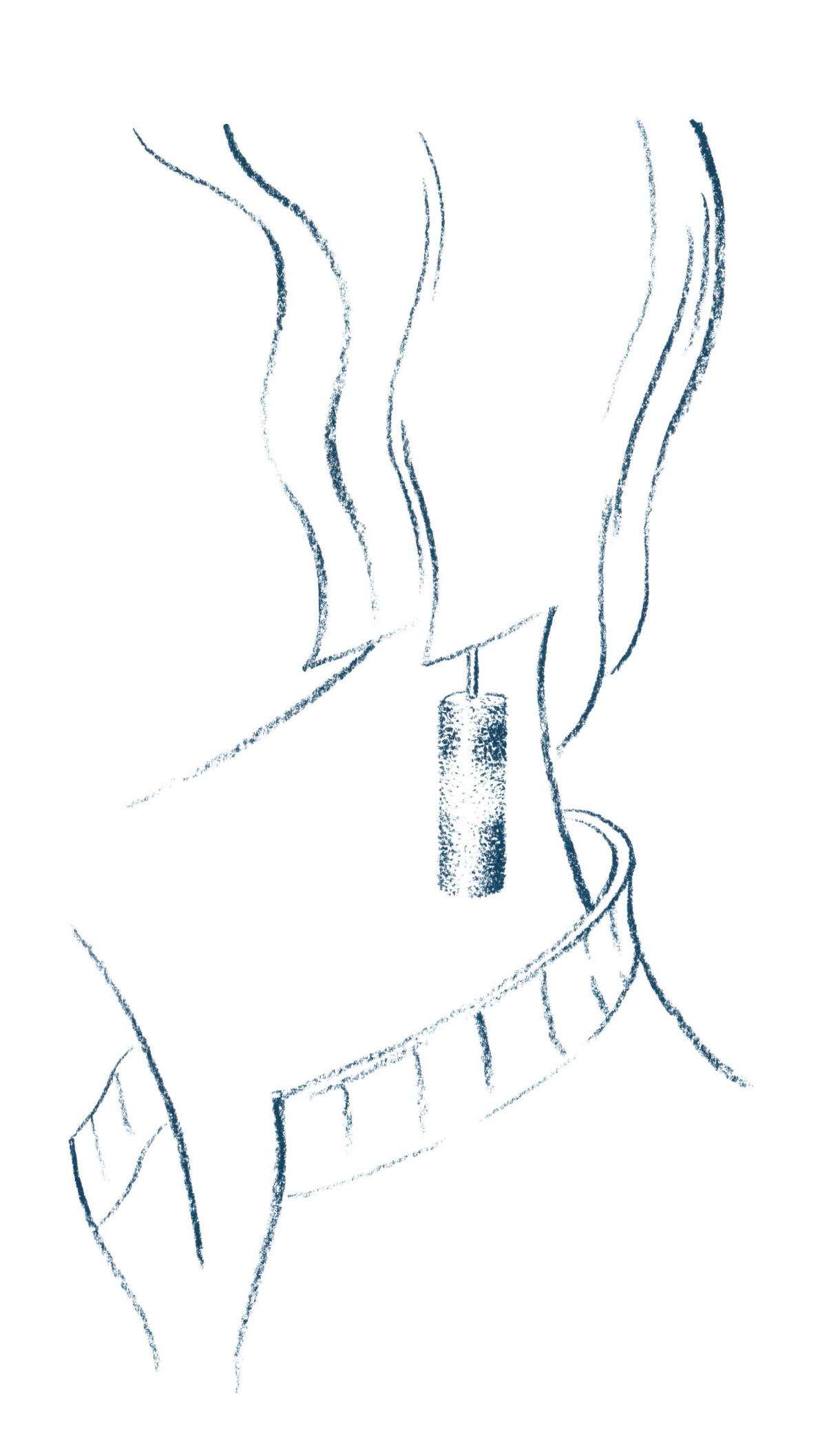

Allgemeines

Ausgangsmaterial
- Titanbleche von 0,5 bis 0,8 mm
- Titanrundstäbe ø 2, 3 und 4 mm

Anmerkung

Titan ist ein sehr zähes, formbeständiges Material. Beim Verformen von Rundstäben (z.B. für Fingerringe) kann deshalb das Werkzeug (z.B. Runddorn) beschädigt werden. Titan bietet beim Biegen ähnlichen Widerstand wie Chromstahl. Aus diesem Grund haben wir uns für den Einsatz in der Schule auf dünne Bleche und Drähte beschränkt.

Titan lässt sich aber ohne weiteres schneiden, sägen, bohren, feilen, schleifen und polieren. Allerdings ist bei letzteren Tätigkeiten Ausdauer gefragt!

Titan kann in der Schule nicht gelötet werden. Deshalb achten wir bereits bei der Entwicklung von Schmuckbeispielen darauf, dass wir für Verbindungen andere Lösungen berücksichtigen (z.B. Kleben).

Titan zeigt als Rohmaterial immer eine rauhe Struktur.

Besonderen Reiz erhält Titan durch die Möglichkeiten des Färbens. Mit etwas Übung lässt sich ein spezifisches Farbenspektrum erzeugen.

Werkzeuge, Hilfsmittel

Grundsätzlich benötigen wir dieselben Werkzeuge und Hilfsmittel wie für das Herstellen von Ringen, Ohrschmuck, Haarschmuck oder Anhängern aus Metallen. Zusätzlich:

• Holzkeile aus Hartholz	als Abstandhalter beim Sägen
• Cu- oder Ms-Blechstreifen und Feilen	als «Schutzbleche» beim Sägen
• «alte» Biegedorne	als Formlehre zum Biegen/Formen von Fingerringen, Ohrringen usw.
• Schlaghölzer aus Hartholz	für Richtarbeiten
• 1 schwerer Schmiedehammer	für Richtarbeiten
• Metallbügelsäge	Schränkung der Sägeblätter geht
• Uhrmachersäge	schnell verloren (Hitzeentwicklung beachten!)

Einstieg
- Titanblechstreifen 30 bis 40 mm × 5 mm
- Titanrundstab ø 2 mm, etwa 30 mm lang

Färbübung, Farbmuster

An kleinen Reststücken oder eigens hierfür gerichteten Blechstreifen und Drähten versuchen wir zum Einstieg zwei Farbproben herzustellen. Diese dienen uns zu späteren Vergleichen für die farbliche Gestaltung unseres Titanschmucks.
- Das Titan muss absolut sauber und fettfrei sein (Stahlwatte/Mattschlagbürste/evtl. Azeton) – Flächen nicht mehr anfassen!
- Die Teststücke werden frei hingestellt (z.B. an Schamottstein oder an Eisenquader angelehnt).
- Mit der weichen Lötflamme (kein Gasüberschuss, d.h. keine gelbliche Flamme!) wärmen wir das Stück vorsichtig. (Kurzes Wärmen – mit Flamme wegfahren – Färbung beobachten – wiederholen)

- Es entwickeln sich (in zeitlicher Abfolge) die nachstehenden Farben: hellgelb – maisgelb – braun – violett – dunkelblau – hellblau – metallweiss (= überhitzt). Diese *Farbstufenfolge* versuchen wir auf dem Blech als Muster zu erzeugen.
- Gelingt der Vorgang nicht auf Anhieb, entfernen wir die Farbe mechanisch (z.B. mit der Mattschlagbürste) und wiederholen den Versuch.
- Ist uns diese Farbstufenfolge gelungen, versuchen wir ein *zweites Teststück* in einer der vorgenannten Farbstufen regelmässig erscheinen zu lassen.
- Farblich sehr wirkungsvoll erscheinen auch polierte Flächen!

Arbeiten mit Titan

Schmuckbeispiele

Praktische Ausführung Wir empfehlen den Einstieg in die Verarbeitung von Titan mit ganz einfachen Schmuckbeispielen.

Runddraht ⇢ Einfache Ohrhänger (gefärbte Rundstäbe)
⇢ Ohrstecker mit Stift, eingeklebt:
offene Ringe (Teilkreisformen, von der Spirale gesägt)
⇢ Offene Ringe, überlappend
Blech ⇢ Einfache Ohrhänger, flach, gefärbt
⇢ Einfache Ohrhänger, gewölbt/verdreht
⇢ Offene Ringe (einfache Modelle/möglichst wenig sägen)

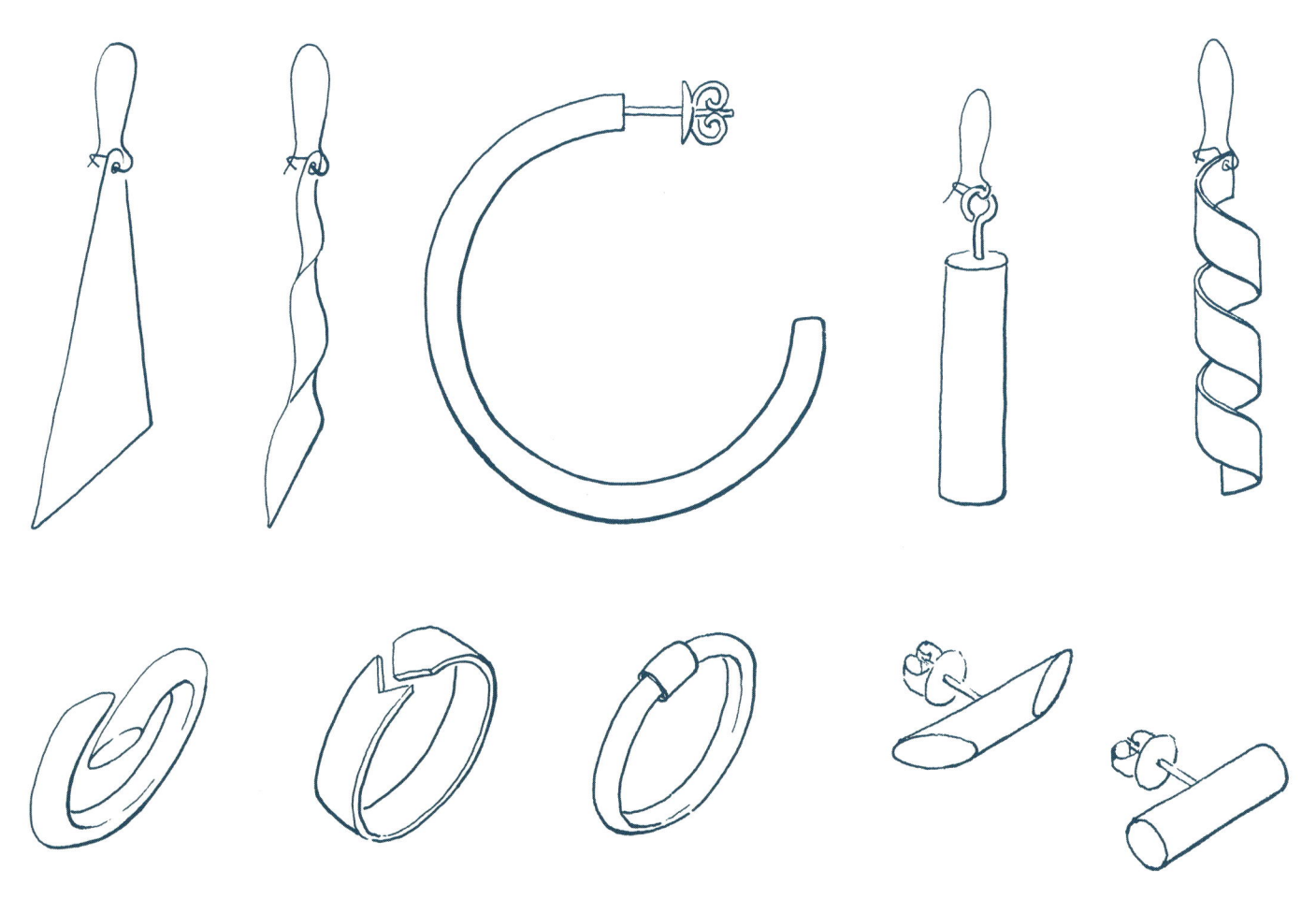

Einfache Beispiele zum Einstieg

Mit solchen Beispielen fördern wir die Motivation und den Umgang mit der Brennerflamme beim Färben.
Dies ist der Grundstein für das Entwickeln und Herstellen aufwändigerer Schmuckstücke aus Titan, wie sie beispielsweise auf der Fotoseite zu sehen sind.

Varianten Aufsägen von überlappenden Ringen

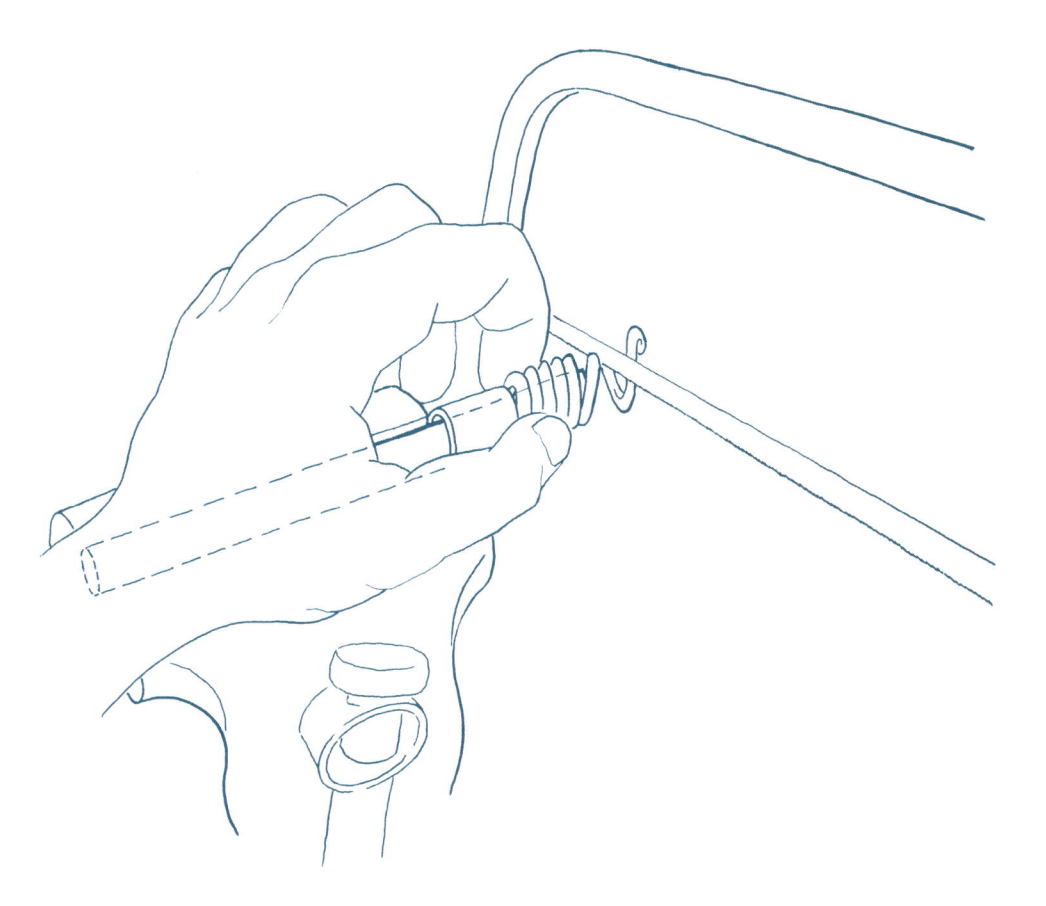

Aufsägen von Ringen

Für das Aufsägen vorgeformter Ringspiralen weiten wir die Spiralen mit einem Hartholzkeil soweit auf, dass wir mit der Metallbügelsäge gefahrlos arbeiten können, ohne den restlichen Draht zu verletzen. Zusätzlich schützen wir die Spirale mit dünnen Abfallblechen (Blechstreifen) aus Kupfer oder Messing.
Müssen wir die Spirale mangels Platz mit der Uhrmachersäge abtrennen (Einfahren zwischen Spiralringe), wählen wir ein Sägeblatt mit dem Hieb 3 oder 1 und arbeiten mit langsamen Zügen, damit das Blatt nicht zu heiss wird (Schränkung geht zu schnell verloren).

Der Kontrast der matt geschlagenen Oberfläche eines Ringes zu dessen hochglanzpolierten Abschlussflächen ist ein beliebtes Gestaltungsmittel.

Arbeiten mit Titan

Rundring mit Manschette

Da Titan in der Schule nicht gelötet werden kann, verstecken wir die offene Stelle des Rings mit einer Manschette aus Silberblech (0,5 mm).

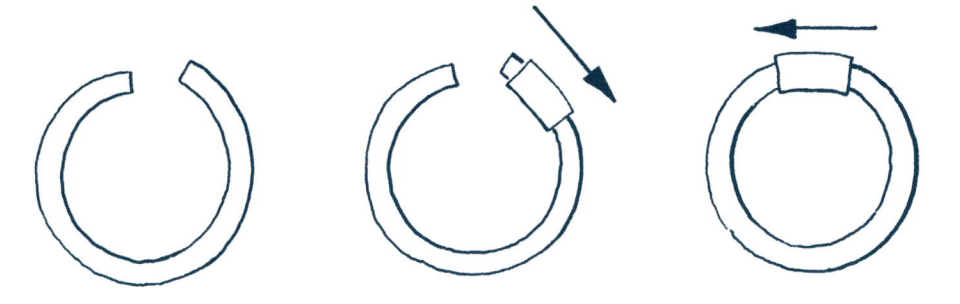

Anbringen einer Silber-Manschette

- Wir formen (ziehen) den Titandraht um einen Runddorn (Rohr, Eisenstange usw.) mit dem passenden Durchmesser. Hierauf sägen wir von der Spirale ein Stück mit der gewünschten Länge weg.
- Die Manschette wird vorgeformt (Runddorn/Ösenriegel/Schmuckzange) und zuerst über das eine Ringende geschoben.
- Mit einem Schlagholz schliessen wir den Ring und schieben die Manschette anschliessend über die noch leicht geöffnete Stelle.

Techniken

Übungen und Experimente

Material   Messing- und Kupferdraht, 1 bis 1,5 mm, weiche Qualität
Wird ein Draht als zu weich empfunden, kann er durch Ziehen gestreckt und damit gehärtet werden. Ist die zur Verfügung stehende Drahtqualität zu hart, wird der Draht mit einer weichen Flamme ausgeglüht. – Achtung: Überhitzen führt zum Schmoren und zu erhöhter Brüchigkeit des Drahtes!

Werkzeuge
- Schmuckzangen (Auswahl)
  Achtung: Scharfe Zangenkanten hinterlassen tiefe Spuren! Rundzangen mit Gefühl einsetzen, da sie sehr schnell Abdrücke hinterlassen!
- Kleiner Kunststoffhammer (für kleine Richtarbeiten)
- Feilkloben (zum Ziehen von Draht)
- Schlichtfeile, Schleiftuch 220 (Entschärfen der Drahtenden)

Vorgehen
a) Freies Arbeiten: zweidimensional/dreidimensional
b) Wir üben mit den verschiedenen Zangentypen mögliche Grundformen.
Übungen dieser Art bilden einen Einstieg für spätere Arbeiten mit Silberdraht: Formen vorzeigen und nachvollziehen. Die Übungsbeispiele sollen zu Beginn immer in einer Ebene liegen.

Flach-Flachzange: scharfe Kanten biegen

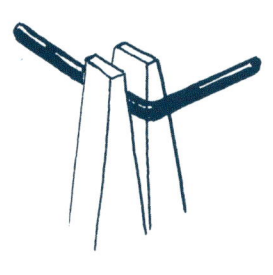

Beispiele als Biegevorlage

Biegen von Draht

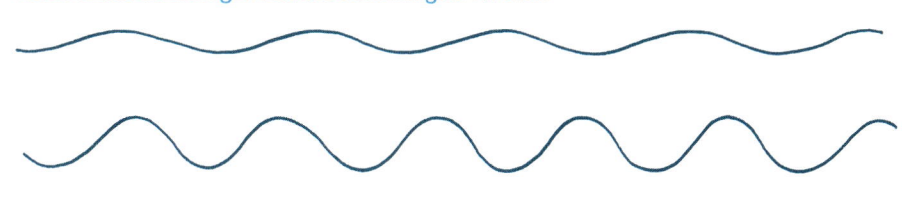

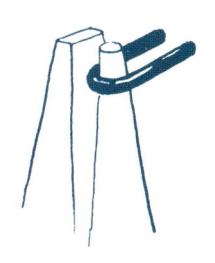

Flach-Halbrundzange: leichte Rundungen formen

Flach-Rundzange: starke Biegungen

Rund-Rundzange: starke, enge Biegungen

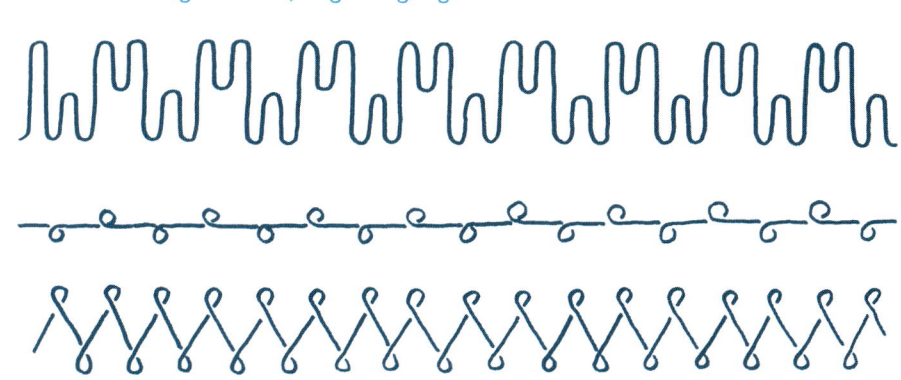

Biegen von Draht

Arbeitsweise Wir arbeiten immer beidhändig: Die Zange dient zum Festhalten und der Daumen der zweiten Hand formt den Draht.

Daumendruck

Je näher der Daumen an der Zange drückt, desto genauer (enger) wird die Biegung. Reicht die Kraft des Daumens für eine scharfe Kante nicht aus, kann der Gegendruck an einem eingespannten Feilholz erfolgen.

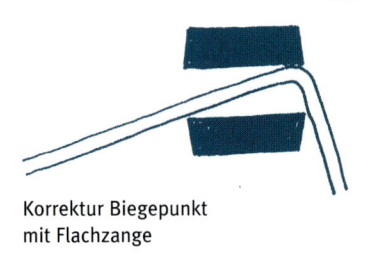

Korrekturen Biegung rückgängig machen *(einfache Fälle):*
Richten auf der Richtplatte mit Kunststoffhammer (zum Schutz evtl. Papier als Unterlage verwenden)
Biegung rückgängig machen *(kompliziertere Fälle):*
Draht (vorsichtig) ausglühen
Draht strecken (mit Feilkloben)
Biegepunkt verschieben *(Flachzange)*

Korrektur Biegepunkt mit Flachzange

Biegen von Draht

Als Fortsetzung stellen wir konkrete Aufträge:

Zweidimensionale Gebilde

Wir formen Umrisse von Blumen, Pflanzenblättern, Fischen, Insekten, Menschen. Gelungene Resultate lassen sich zum Beispiel als Kärtchenschmuck oder als Steckfigur verwenden.

Formen einer geschlossenen Spirale/Schnecke

- Draht auslaufend ausfeilen/schleifen
- Draht mit Schmuckzange flach/rund eindrehen
- Angefangene Spirale zwischen MDF-Backen im Schraubstock (oder im Holzfeilkloben) festhalten
- Spirale mit Kunststoffhammer vorsichtig weiterformen. Ist die Spirale schon etwas grösser, kann sie evtl. zwischen den Fingern gehalten weitergeformt werden.
- Weist die Spirale zu viel Spannung auf, evtl. zwischendurch ausglühen.
- Die Spirale/Schnecke kann als Ausgangsprodukt weiterverarbeitet werden: offen lassen/verlöten (auf der Rückseite)/hämmern/walzen/auftiefen (wölben)/ziehen (zu Kegelform).

Biegen von Draht

Anschlussarbeiten
- Geduldspiele (1,5-mm-Eisendraht verzinkt oder Neusilberdraht)
Ideen für Geduldspiele sind in verschiedensten Lehrmitteln in reicher Auswahl vorhanden.

Geduldspiel

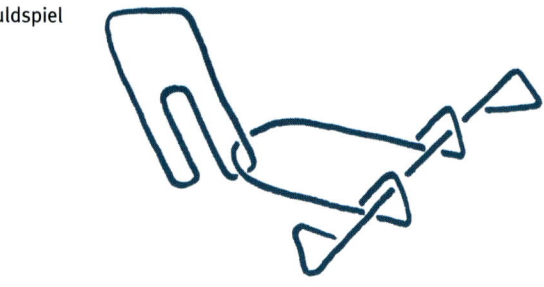

Dreidimensionale Gebilde
Experimentieren:
- Wir formen einen geometrischen Körper aus Messing- oder Kupferdraht, ø 1 mm.
- Wir formen ein Insekt. Dazu verwenden wir mit Vorteil weichen Blumenbindedraht. Dieser lässt sich besonders leicht formen.

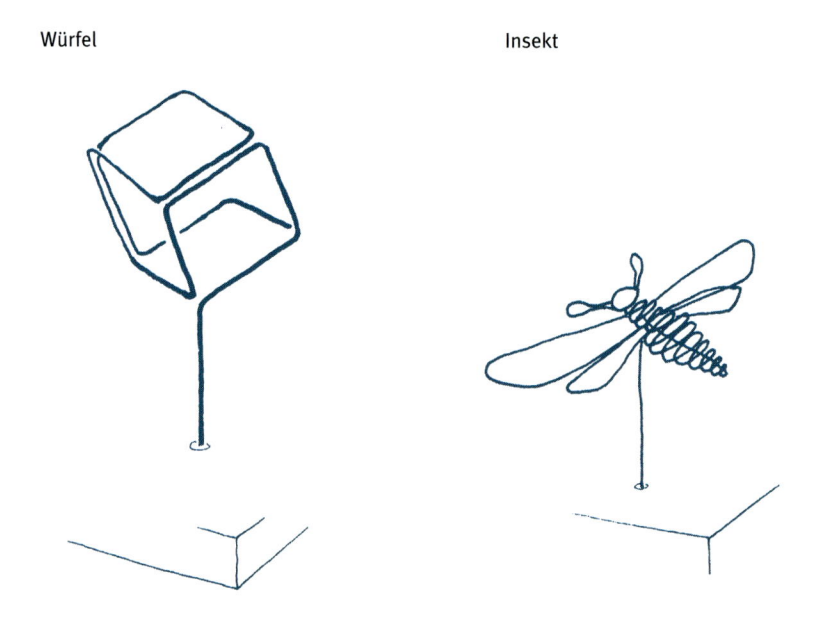

Würfel   Insekt

Attraktiv ist die Konstruktion von Objekten, die sich bewegen lassen. Sie bestehen aus einer Führung, einem beweglichen Teil und evtl. einer Kurbelwelle.
Die Enden der Gegengewichte werden innen beginnend geformt. Achtung: Proportionalität beachten! Gegen aussen grössere Abstände. Die gleichen Figuren (Elemente) werden später beim Formen von Ohrhängern und Ohrsteckern verwendet. Breite Führungen der bewegten Teile auf den Achsen durch Mehrfachwindungen oder doppelte Führungen garantieren das Drehen in der gleichen Ebene.

Bewegliche Skulpturen aus Messing-, Neusilber- oder Kupferdraht 1 bis 1,5 mm

Um das Gleichgewicht zu erreichen, kann man die Figur am Drahtende leicht vom Drehpunkt weg oder zu ihm hin verschieben. Die Hebelwirkung kann auch durch Abkluppen der Figurenenden verringert werden.

Die Reihenfolge der Biegungen muss im Voraus gut überlegt sein. Die beiden Enden der Trägerstange werden am Schluss in ein Brettchen gesteckt (Löcher vorbohren).

Bewegliche Skulpturen an Welle

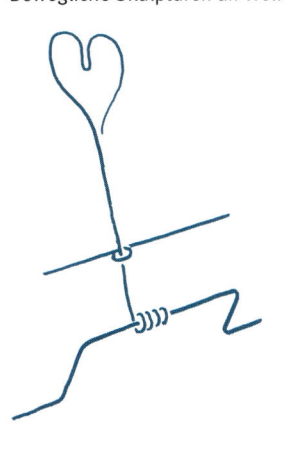

Anschlussarbeiten
Ohrhänger aus Silberdraht (0,8 bis 1 mm)

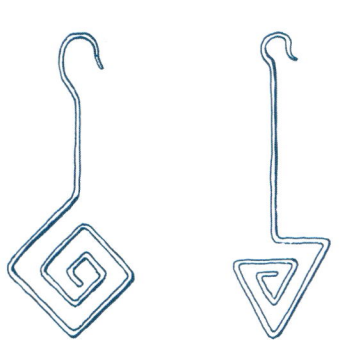

⤑ Schmuckthemen | *Ohrhänger aus Draht, S. 12*

Biegen von Draht

Ziehen von Draht

Damit man nicht immer alle möglichen Durchmesser von Silberdraht am Lager halten muss, kann man den Draht auf das gewünschte Mass ziehen.
Beispiel: Ich sollte ein Stück Draht mit ø 1,5 mm haben, am Lager habe ich aber nur ein Sortiment ganzer Millimeter.

Ausgangsmaterial Silberdraht ø 2 mm (gewünschter Runddraht: ø 1,5 mm)

Vorgehen
- Der vorhandene 2-mm-Draht wird auf dem Feilbrettchen auf einer Länge von 2 bis 3 cm gleichmässig zugespitzt (Feile mit feinem Hieb, um das Brechen/Reissen des Drahtes zu verhindern).
- Der Draht wird mit Ziehwachs (Bienenwachs) bestrichen.
- Nun wird das zugespitzte Ende im Zieheisen durch das nächstkleinere Loch geführt, welches dem 2-mm-Loch am nächsten liegt.
- Mit der Ziehzange ziehen wir den Draht nun möglichst regelmässig durch das Loch. Denselben Vorgang wiederholen wir Loch für Loch, bis der Draht den richtigen Durchmesser hat.
- Nach einigen Durchgängen sollte der Draht wieder ausgeglüht werden, damit er weich und geschmeidig bleibt.
- Nach Bedarf muss auch die Drahtspitze wieder nachgefeilt werden.

Achtung: Um Unfälle zu vermeiden (Stürze nach hinten), sollte man seinen Körper gut abstützen.

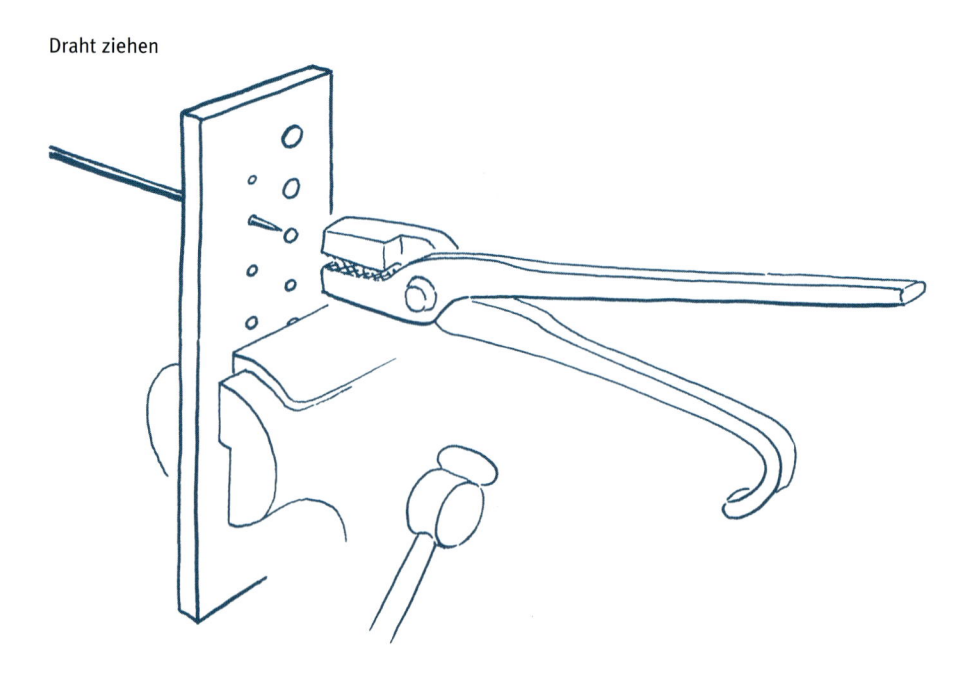

Draht ziehen

Sägebogen und Sägeblätter

Material

Als Ausgangsmaterial verwenden wir Messing-, Kupfer- oder Neusilberblechresten von etwa 0,8 bis 1mm Dicke. Sofern vorhanden, verwenden wir die Blechqualität halbhart. Die einzelnen Bleche sollten nicht allzu gross dimensioniert sein (z. B. 80 × 50 mm), damit wir mit den normalen Uhrmachersägebogen arbeiten können.

Werkzeuge, Hilfsmittel

Uhrmachersägebogen
Bei den Sägebogen werden verschiedene Spannsysteme angeboten:

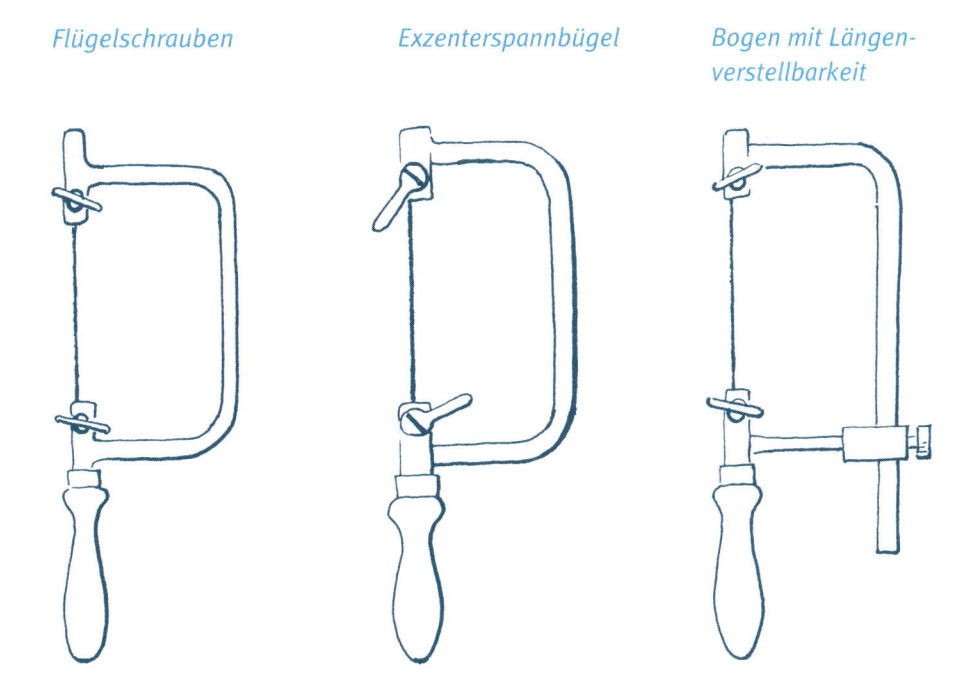

Flügelschrauben   *Exzenterspannbügel*   *Bogen mit Längenverstellbarkeit*

Sägetischchen
Sägetischchen können mit geringem Aufwand selbst hergestellt werden. Die Tischchen spannen wir immer ohne Schutzbacken in den Schraubstock ein (besserer Halt).

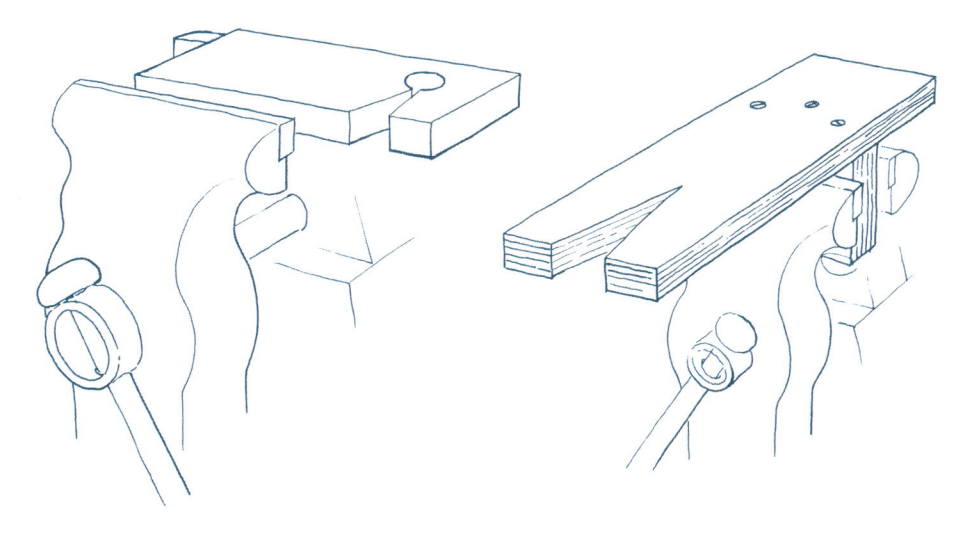

Bienenwachs (evtl. Kerzenwachs)
Bienenwachs als «Schmiermittel» erleichtert das Sägen (gegen die Zahnung auftragen).

Pinsel
(zum regelmässigen Entfernen der Sägespäne – nicht blasen!). Für das Reinigen feiner Sägeblattzahnungen gibt es spezielle Messingreinigungsbürsten.

Sägeblätter für Uhrmachersägebogen
Die Sägeblättchen sollten nicht zu grob sein (maximal Metallsägeblatt Nr. 1). Das Üben mit feinen Zahnungen zahlt sich für später aus.
Für exakte feine Sägearbeiten empfehlen wir die Verwendung von Blättchen mit rundem Rücken.

In der Schule benötigen wir sicher nicht alle erhältlichen Typen und Schnittbreiten. Eine mögliche Auswahl sei mit den **fett** gedruckten Sägeblättern empfohlen:

Nummer	Schnittbreite	Verwendung
Nr. 6	0,45 mm	Holz
Nr. 5	0,42 mm	Holz/Acryl/weiche Metalle
Nr. 4	0,39 mm	
Nr. 3	0,36 mm	Holz/Metalle/Acryl
Nr. 2	0,34 mm	
Nr. 1	0,31 mm	Metalle/Chromstahl
Nr. 0	0,29 mm	Schmuck
Nr. 2/0	0,27 mm	
Nr. 3/0	0,25 mm	Schmuck
Nr. 5/0	0,20 mm	
Nr. 6/0	0,18 mm	Schmuck
Nr. 7/0	0,16 mm	
Nr. 8/0	0,15 mm	
Nr. 10/0	0,12 mm	

Übungen und Experimente

Vorgehen   Wir arbeiten mit Wiederholungen von Formen/Sägeschnitten. Nach einer ersten Arbeitsphase vergleichen wir die Resultate der Schüler, schildern und diskutieren unsere Erfahrungen und lassen uns, inspiriert durch die Ideen der anderen, auf neue Experimente ein.

Einstieg
- Evtl. Übungen mit Schere/Cutter an festem Papier/Halbkarton
- Freies intuitives Sägen – ähnliche Wiederholungen
- Freies Sägen (mit Zeichnungsvorlage/wasserfester Filzschreiber)
- (Freie) geometrische Formen
- Aufzeichnen von Mäanderformen – aussägen

Jede neue Linie verfolgt ihre Spur in Beziehung zur vorher gesetzten (gewählten/zufällig gefundenen) in gleicher/ähnlicher Richtung

Sägeschnitte drehend (im Drehsinn wechselnd), ausgehend von Bohrlöchern

Durch die Sägelinien entstandene Flächen können auf- oder zurückgebogen werden

Tipp zum Sägen scharfer (eckiger) Richtungsänderungen: Sägen an Ort, unter langsamem Drehen des Bleches, bis die gewünschte Richtung zum Weitersägen erreicht ist. Eventuell gibt man dazu gleichzeitig einen leichten Druck gegen den Sägeblattrücken.

Wird ein Blech nach dem Sägen unter Einbezug der entstandenen Schnitte gebogen, empfiehlt es sich, ein Kartonmodell herzustellen.

Vorzeigen von Möglichkeiten zur räumlichen Gestaltung von Sägemustern

Wölben/Auftiefen   Biegen/Falten   Drehen

Gestaltung eines persönlichen Schmuckbeispiels unter Berücksichtigung der eigenen Sägeresultate

Sägen

Allgemeines

Mit der Laubsäge arbeiten wir normalerweise so, dass das Sägeblatt senkrecht verläuft. Der Schnitt soll möglichst nahe einer Unterlagenkante erfolgen. Ein (selbst gefertigtes) Sägetischchen erleichtert das Sägen: Es verhindert, dass die Hand am Tisch oder am Schraubstock anstösst, und ermöglicht eine günstige Arbeitshöhe.

Sägen von verschiedenen Materialien

Metalle
Je weicher das Material, desto gröber die Zahnung (verhindert das Verstopfen der Zahnung)

Kunststoffe
Langsames Sägen und grobe Zahnung reduzieren das Verschmelzen der Zähne und somit das Verkleben des Sägeblattes. Zum Schutz vor Kratzern und zur Kühlung wird die Folie möglichst lang belassen.

Schmuckbereich
Sägeblätter mit rundem Rücken verwenden (leichteres Kurvensägen)! Feine Sägeblätter sind nicht brüchiger, sondern eher elastischer. Allerdings verformen sie sich auch schneller: Dadurch sägt das Sägeblatt in einer völlig anderen Richtung weiter, als dies von der Stellung des Sägebogens her zu erwarten wäre!

Tipps zum Sägen

- Je härter das Material, desto mehr Sägeblattzähne pro Zoll
- Je dünner das Material, desto feiner das Sägeblatt
- Bei ganz feinen Blechen kann auch eine Unterlage (Blech, Karton usw.) mitgesägt werden (evtl. mit Schnellkleber stabilisieren/mit Hitze wieder lösen). Diese Methode ist auch für das Aussägen symmetrischer oder deckungsgleicher Formen geeignet.
- Spannvorrichtungen nie mit einer Zange festziehen! (Bruchgefahr/Erlahmen)
- Vorsicht, die Exzenterhebel nicht überdrehen!
- Beim Sägen immer senkrecht auf- und abfahren
- Möglichst die gesamte Sägeblattlänge ausnützen
- Wir sägen immer auf Zug. Das heisst, die Sägeblattzähne sind gegen den Handgriff gerichtet und die Sägebewegungen sind nach unten betont.
- Eine lockere Handhaltung ermöglicht das Verfolgen des Sägeschnittes und verhindert Sägeblattbrüche.
- Bienenwachs am Sägeblatt erleichtert das Sägen (Ersatz: z.B. Seife, Kerzenwachs).
- Beim Sägen normalerweise das Material (nicht den Sägebogen) in Sägerichtung drehen, um eine Richtungsänderung zu vollziehen
- Das Material stark auf die Unterlage pressen. Reicht die Kraft in den Fingern nicht aus, Material evtl. festspannen (Feilkloben, Zwinge o.ä.).
- Für Unterbrüche beim Sägen wird der Bogen ganz nach unten geführt und locker auf dem Material (oder Sägetischchen) hängen gelassen.
- Zum Reinigen verstopfter Zahnungen eignet sich allenfalls eine Reinigungsbürste für Messingbohrer aus gewelltem Draht, mit Schieber.
- Vor dem Versorgen der Sägebogen, Sägeblatt einseitig lösen (oben)

Bohren von Metallen

Anmerkung Beim Herstellen von Schmuck brauchen wir meist kleine Bohrdurchmesser, und vielfach arbeiten wir auch mit kleinen, evtl. dünnen Blechstücken. Dies hat zur Folge, dass die Werkstücke zum Bohren oft nicht im Bohrschraubstock eingespannt oder auch nicht auf einem Unterlagenholz festgespannt werden können.

Einrichtungen/Hilfsmittel
- Tischbohrmaschine (Normausrüstung Metall- oder Holzwerkstatt)
- Evtl. Hängebohrmotor mit Handstück (für die Aufnahme von Bohrern, Polierrädchen, Fräsern usw.)
- Evtl. Mini-Tool-Einrichtung mit verschiedensten Einsätzen
- Verschiedene Harthölzer als Bohrunterlage zum Einspannen in den Maschinen- oder Tischschraubstock
- Reibahlenset zum Ausweiten kleiner Bohrlöcher

Achtung! Wir bohren generell mit Schutzbrillen (inkl. Helfer!)

Vorgehen
- Bohrzentrum mit feinem Hammerschlag körnern (immer!). Für das Körnern von Silberblech verwenden wir als Unterlage immer zusätzlich ein Abfallmetallplättchen (vermeiden von Schlagspuren auf der Rückseite des Plättchens).

Methoden zum Festhalten/Fixieren kleiner Metallteile
- Fixieren auf Hartholzunterlage mit Teppichklebeband (löst sich, sobald das Metall zu heiss wird!)
- Festkleben des Metallteils auf einem dickeren Metallblech (z.B. Kupfer/1mm) mit Sekundenkleber. Trennen der beiden Bleche durch Erhitzen mit weicher Flamme
- Fixieren des Blechs mit Ziselierkitt

Bohrung anbringen
- In Anbetracht der meist sehr kleinen Bohrdurchmesser und dünnen Bleche verzichten wir auf ein spezielles Kühlen während des Bohrens.
- Entgraten des Bohrloches: Fehlt ein entsprechend kleiner Handentgrater, verwenden wir dazu einen Metallspiralbohrer mit leicht grösserem Durchmesser (+ 1 bis 2 mm) als der beim Bohren verwendete.
- Bohrungen an getriebenen oder anderweitig verformten Blechen werden mit einer passenden Bohrunterlage aus Hartholz ausgeführt.

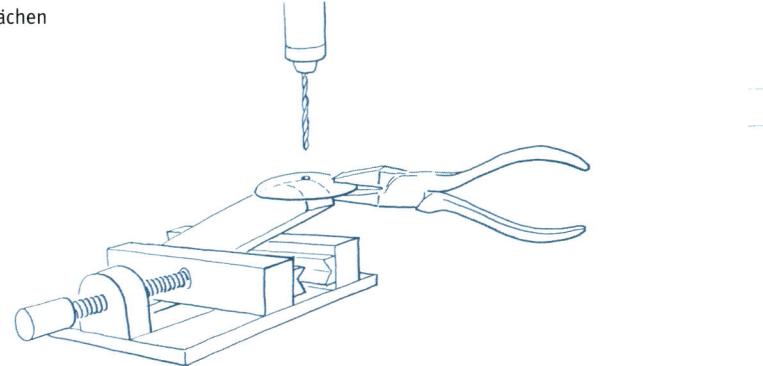

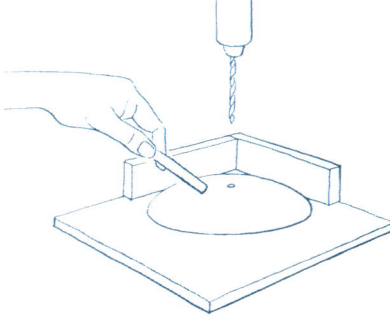

Bohren bei unebenen Flächen

- Die Bohrunterlage wird dazu fest in den Maschinenschraubstock eingespannt.
- Wird das zu bohrende Metallstück zu heiss, halten wir es mit einer Schmuckzange auf der Unterlage fest (Partnerarbeit!). Zum Schutz des Metalls kleben wir die Zange eventuell mit Malerabdeckband ab.

Bohren von Acryl und Holz

Anmerkung

Beim Bohren mit Spiralbohrern aus der Metallwerkstatt achten wir darauf, neue oder frisch geschliffene Bohrer zu verwenden. Fixieren wir die zu bohrenden Teile auf einer planen (harten) Bohrunterlage (z. B. MDF-Platte), können wir bei kleineren Bohrdurchmessern direkt durchbohren, ohne dass das Holz oder Acryl ausreisst.

Bei grösseren Bohrdurchmessern (ø ab etwa 6 mm) verwenden wir frisch geschliffene oder neue Holzbohrer (Forstnerbohrer/Astlochbohrer). Dabei gehen wir nach den üblichen Bohrregeln vor:
- Tiefe fixieren, sodass Bohrerspitze leicht in Unterlage eindringt
- Material umdrehen – Zentrum genau einmitten
- Vorsichtig von Rückseite bohren, bis scheibenförmiger Rest herausgetrennt ist
- Geeignetes Kühlmittel bei (Acryl-)Bearbeitung verwenden

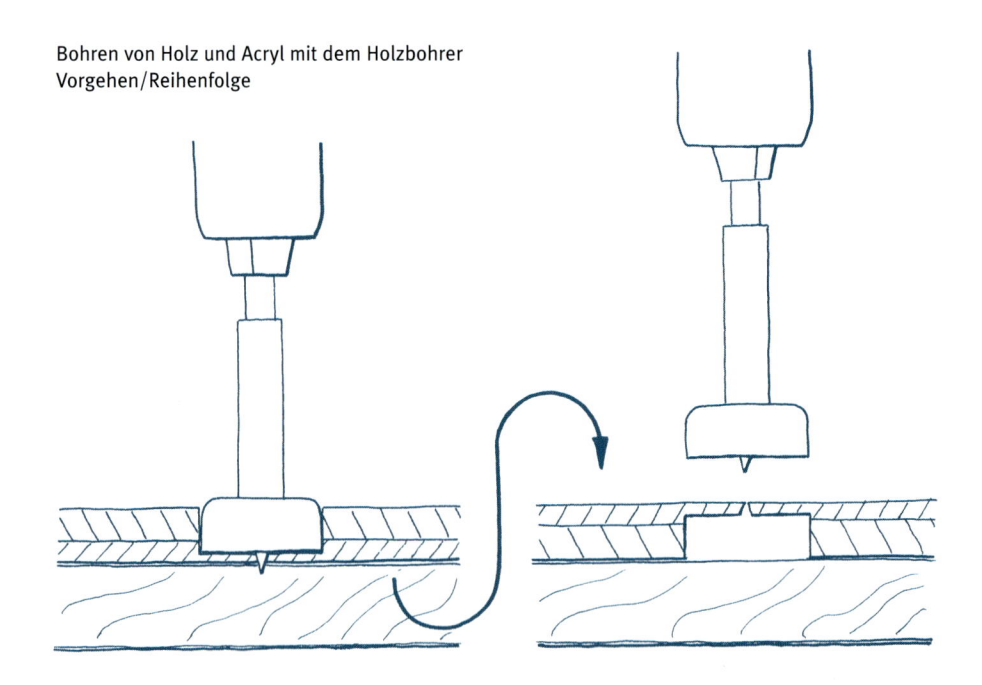

Bohren von Holz und Acryl mit dem Holzbohrer
Vorgehen/Reihenfolge

Allgemeines

Der «Finish» (letzter Schliff/Vollendung) eines Schmuckgegenstandes ist sehr wichtig: Erst mit dieser Schlussbehandlung erzeugt das Schmuckstück die volle gewünschte Wirkung. Wir nehmen uns für diese letzte Arbeitsphase also immer genügend Zeit.

Oberflächengestaltung beinhaltet unter Umständen auch das Kombinieren verschiedener Oberflächenbehandlungen.

Damit Buntmetalle oder Buntmetallteile ihre Wirkung und Farbe nach der Fertigstellung des Schmuckgegenstandes behalten, müssen sie nach der Oberflächengestaltung zwingend mit einem Metallschutzlack behandelt werden, sonst oxydieren sie und verändern dadurch die ursprüngliche Wirkung.

Viele Silberputzmittel konservieren die frisch gereinigte Oberfläche mit einem Anlaufschutz, sodass sich ein zusätzliches Schützen mit Lack nicht unbedingt aufdrängt.

Verschiedene Oberflächen

Polierte Oberflächen

Bevor wir eine Fläche polieren können, muss diese von Kratzspuren befreit werden. Bei Metallen genügt dazu ein gründliches Schleifen bis Körnung 400, bei Acryl schleifen wir das Material mit Vorteil bis Körnung 600.

Das Polieren erfolgt quer zur letzten Schleifrichtung an einer Poliermaschine mit Schwabbel, unter Beigabe von Polierwachs. Es kann auch von Hand nachpoliert und gereinigt werden. Wir verwenden dazu Watterondellen mit Tubenpolierpaste.

Gekratzte Strukturen

Je gröber solche Strukturen sind, desto länger haben sie beim Tragen der Schmuckstücke Bestand. – Je feiner die Strukturen sind, desto schneller verändern sie sich durch Abnützung oder Anstossen.

Alle Strukturen können regelmässig oder «zufällig» (wirr durcheinander/Kreuzstrich) angebracht werden.

fein   mit Stahlwatte
           mit Schleifvlies (abhängig von Körnung)
↓   mit Korundtuch (abhängig von Körnung)
grob   mit Feilen (Flachfeile, leicht angestellt)

Kratzen mit der Feile: Werkstück eventuell mit Doppelklebeband auf Unterlage fixieren.

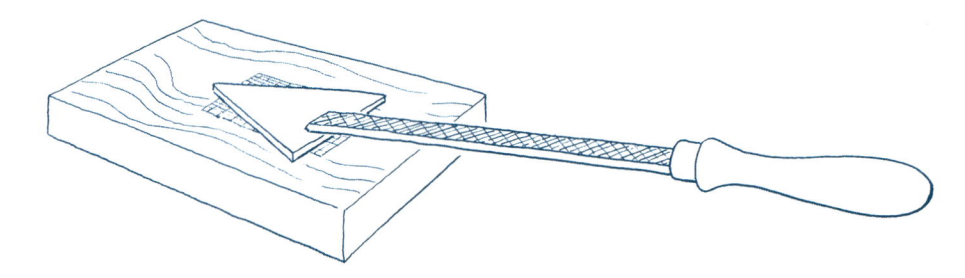

Strukturierte Oberflächen

Eine praktische maschinelle Oberflächenbearbeitung ist mit einer Schlagbürste möglich (Zubehör für Poliermaschinen). Als Musterung entstehen kleine Löchlein, dem Resultat des Sandstrahlens nicht unähnlich. Die Feinheit der Musterung ist abhängig vom Durchmesser der Stahlstifte an der Schlagbürste.

Durch Punzieren mit Ziselierpunzen, polierten Punzen (Perl-, Strich-, Rundpunzen usw.) oder durch Abhämmern (Silberschmiede-, Polier-, Treibhammer usw.) werden bei Metallen lebendige Effekte erzielt.

Setzen wir das Abhämmern gezielter ein, können wir vom Schmieden als Oberflächengestaltung (und Formgebung) sprechen.

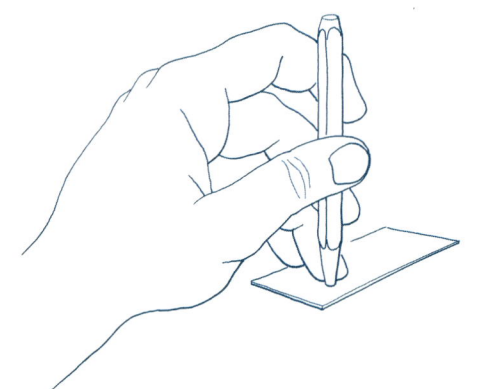

Punzieren: Halten des Werkzeugs

Gefärbte Oberflächen

Buntmetalle und Silber können durch Erhitzen oder durch gezieltes Behandeln mit Metallfärbmitteln farblich gestaltet werden.

Durch Glühen von Kupfer, Messing, Neusilber entstehen beim Erkalten verschiedene Farben. Diese sind teilweise abhängig von der beim Glühen verwendeten Unterlage (z. B. Schamotte, Holzkohle, Mineralfaserplatte usw.).

Kupfer und Silber lassen sich durch Oxydbeize schwarz färben. Messing und Neusilber werden mit Messingschwarzbeize ebenfalls schwarz.

Sieden wir geglühtes Silber im Abbeizmittel, nimmt es eine intensive (matte) weisse Farbe an. Diesen Vorgang nennen wir «weiss sieden». Diese Technik verwenden wir häufig als letzten Finish vor dem allerletzten Polieren oder als Endbehandlung, wenn das Schmuckstück am Schluss besonders weiss bleiben soll. Bei verlöteten Schmuckstücken wird das Ganze mit weicher Flamme (vorsichtig!) leicht geglüht (Achtung auf Lötstellen!) und nach dem Abkühlen unter dem fliessenden Wasser im Beizbad gekocht, bis es regelmässig weiss erscheint.

Geätzte Oberflächen

Beim Ätzen von Metallen beschränken wir uns auf Buntmetalle. Silberätzungen sind infolge der starken Giftigkeit und Aggressivität des Ätzbades (u. a. Salpetersäure!) nach unserer Ansicht in einer Schulwerkstatt nicht angebracht.

Beim Ätzen decken wir diejenigen Stellen ab, welche bleiben sollen. Als Abdeckung verwenden wir in erster Linie Ätzfolie (flächige Muster/Kontraste) oder wasserfeste Filzschreiber (zeichnerische Darstellungen).

Als Ätzflüssigkeit setzen wir Eisen-III-Chlorid, 40%, GK 3 ein. Dieses kann nach der Verwendung wieder in die Flasche zurückgegossen und dadurch jahrelang immer wieder verwendet werden. Durchschnittlich beträgt die Ätztiefe pro Stunde rund einen Zehntel Millimeter (hängt vom Alter der Säure und der Sauberkeit [Fettfreiheit] der Ätzfläche ab). Von Zeit zu Zeit schwenken wir das Ätzbad, um die Ätzstellen von geschwemmtem Material zu befreien. Es empfiehlt sich, die Wirksamkeit des Bades mit Testplättchen desselben Materials zu überprüfen.

Gefärbte Oberflächen, siehe oben

Um die Wirkung der Ätzung zu erhöhen, kann die herausgeätzte (vertiefte) Fläche mit chemischer Hilfe dunkel gefärbt werden.

Nun wird die Folie entfernt und das Metall (unter fliessendem Wasser) gründlich gereinigt. Ein nachfolgendes Überschleifen der ganzen Fläche mit einem flachen Schleifholz lässt die Konturen zwischen hellen und dunklen Flächen (Mustern) besonders deutlich werden.

Zur Konservierung der Farbwirkung wird das Buntmetall mit einem Metallschutzlack geschützt. Dies geschieht als Letztes, nach einem allfälligen Weiterverarbeiten wie Löten, Verformen usw.

Tipps zum Ätzen, Schleifen, Polieren

Tipps zum Ätzen

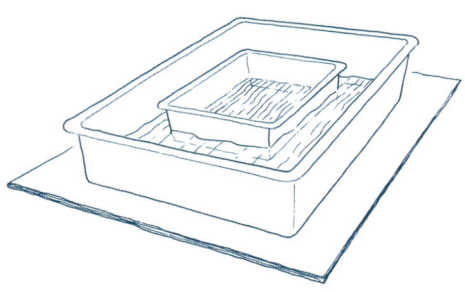

Säurewanne mit Ätzflüssigkeit
Auffangwanne mit wenig Wasser
Zeitungsunterlage (Säuretropfen werden sichtbar)

Arbeitsplatz
- Wanne mit Eisen-III-Chlorid (für jedes Metall ein eigenes Bad/verhindert unerwünschte Verfärbungen infolge gesättigter Lösung)
- Auffangwanne mit Wasser zum Verdünnen von Säuretropfen, welche daneben geraten
- Papierunterlage zum Sichtbarmachen von Säuretropfen
- Trichter zum Rückführen der verwendeten Säure

Abdeckmittel
- Ätzfolie, Haushaltfolie, Bucheinbandfolie (evtl. Bügeleisen mit Tuch dazwischen einsetzen, um Haftung der Folie auf dem Metall zu erhöhen)
- Filzstifte, wasserfest
- Lacke (Nagellack, Anreisslack, Nitrolacke, Asphaltlack usw.) mit Lösungsmittel zum Wiederentfernen
- Wachs (analog zur Radiertechnik)

Tipps zum Schleifen
- Je weicher das zu schleifende Material ist, desto grösser dürfen die Sprünge zwischen den einzelnen Körnungen sein. – Je härter das zu schleifende Material ist, desto genauer und systematischer muss geschliffen werden.
- Für Metalle gilt: Je feiner eine Oberfläche geschliffen bzw. poliert ist, desto unempfindlicher wird sie gegen Korrosion.
- Je feiner beim Schleifen die Anfangskörnung des Schleifmittels (Papier/Tuch/Flies/Paste) gewählt werden kann, desto schneller erreicht man das Ziel.
- Als Ziel eines ersten systematischen Schliffs soll eine einheitliche Schliffrichtung angestrebt werden: Es sind nun keine «alten» Kratzer oder Löcher mehr sichtbar.
- Bei jedem nachfolgenden Schleifpapier wechseln wir die Schleifrichtung, damit wir überprüfen können, dass vom vorhergehenden keine Kratzer mehr vorhanden sind.

Tipps zum Polieren
- Für Politurarbeiten verwenden wir normalerweise eine Poliermaschine, bestückt mit einer Schwabbelscheibe.
- Polierpaste für Acryl eignet sich übrigens ebenfalls gut für Buntmetalle und Silber. Zur Vereinfachung verzichten wir deshalb auf verschiedenartige andere Pastensorten.
- Beim Polieren achten wir wie beim Schleifen darauf, dass wir quer zur letzten Schleifbehandlung arbeiten. So verwischt der Schwabbel mit Hilfe der runden Polierpartikel in der Paste die noch vorhandenen Kratzer am schnellsten, und es entsteht eine spiegelglänzende Oberfläche.

- Für Metalle gilt: Je mehr Druck, desto mehr Wärme, desto grösser die Wirkung!
- Bei Kunststoffen müssen wir vorsichtiger zu Werk gehen, sonst schmilzt oder verbrennt das Material. – Ein kurzer (sanfter) Druck, ohne an Ort zu bleiben, ist Dauerdruck vorzuziehen.
- Ohne Paste zeigt sich beim Polieren wenig Wirkung, zu viel davon hinterlässt aber ein grosses Geschmier (auch am Kopf!).
- Gegen Schluss des Polierens gilt: Je feiner der Schwabbel und je vorsichtiger der Druck, desto regelmässiger die Glanzfläche.
- Achtung: Rauhe Verunreinigungen auf der Schwabbelscheibe (z.B. Metallstaub) verursachen Schleifspuren, statt zu polieren!

Polieren von Kleinteilen

Ohrstecker mit 1-mm-Draht als Steckteil
Ohrstecker auf vorgebohrtem Brettchen (ø 1,5 mm) mit Stift im Loch fixieren. Politur an der Maschine (sanfter Druck)

Fixation beim Polieren (Ohrstecker mit Stift und Ohrhänger ohne Stift)

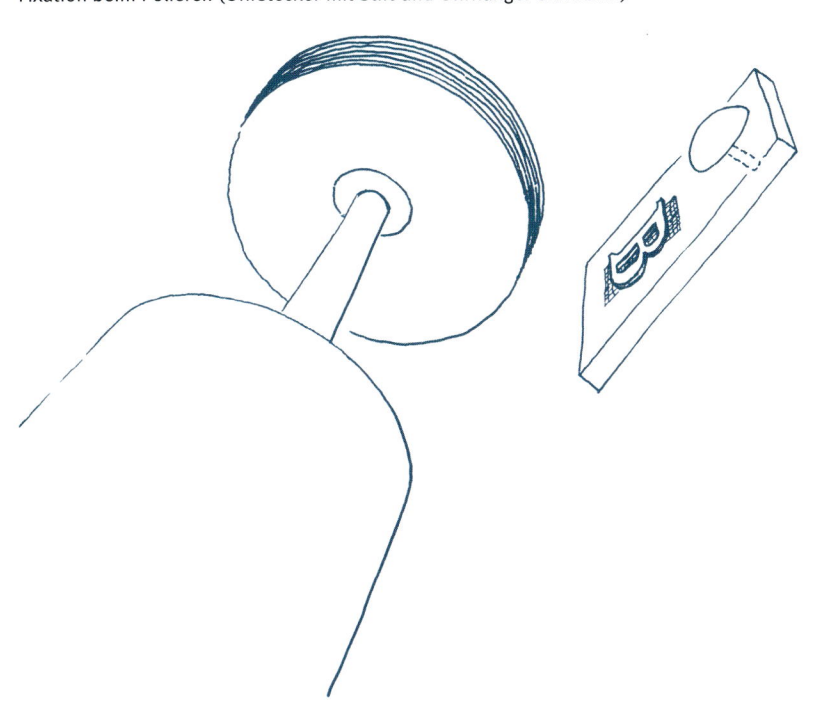

Ohrhänger (ohne Stift)
- Blech mit Teppichklebeband auf Holz fixieren, maschinelles Polieren (evtl. mit Hängebohrmotor)
- Blech mit weichem Lappen und Handpolierpaste auf sauberer Unterlage von Hand polieren

Löten

Allgemeines

Beim Löten werden Metallteile mit Hilfe eines anderen, schmelzenden Metalles oder einer Legierung – Lot genannt – verbunden. Dieses Lot hat einen tieferen Schmelzpunkt als die zu verbindenden Teile.
Wir unterscheiden zwischen dem Weichlöten und dem Hartlöten.

Die meisten Metallwerkstätten sind zum Hartlöten eingerichtet, seltener zum Schweissen. Da diese Technik beim Schmuckgestalten in der Schule nicht verwendet wird, gehen wir an dieser Stelle nicht darauf ein. Im Schmuckbereich verwenden wir üblicherweise Silberlote. Normalerweise verwenden wir cadmiumfreies Silberlot mit einem Schmelzpunkt von etwas über 600 °Celsius.
Für Mehrfachlötungen verwenden wir zwei oder mehrere Lote mit verschiedenen Schmelzpunkten. Dadurch verhindern wir, dass sich die erste Lötung beim zweiten Lötvorgang wieder löst. Als Alternative können früher ausgeführte Lötstellen gegen unbeabsichtigtes Lösen mit Lötstopppaste (Isolationspaste) abgedeckt werden.

⤑ *Schmuckthemen | Fingerringe aus Blech, (geschlossene Formen), S. 54*
⤑ *Schmuckthemen | Steine fassen, S. 103*

Vergleich Weichlöten–Hartlöten

	Weichlöten	Hartlöten
Lot	Lötzinn Zinn/Bleilegierungen (verschiedene Legierungen)	Silberlot, Messinglot, Neusilberlot usw. Verschiedene Legierungen in Form von Lotstäben, Lotplättchen, Lotband
Flussmittel Mittel zur Verhinderung der Oxydation	Lötwasser Lötfett Kolophonium	Flussmittel (in Pulverform, Pastenform oder als Flüssigkeit), dem jeweiligen Lot angepasst
Vorbereitung der Lötstelle	Gründliche Reinigung (feilen, schleifen, schaben, entfetten) Genaues Anpassen	Gründliche Reinigung (feilen, schleifen, schaben, entfetten) Genaues Anpassen, Lücken nicht mit Lot füllen
Schmelzbereich der Lote, Arbeitstemperaturen	183 bis 325 °C Blei/Zinnlegierungen etwa 180 °C bleifreies Zinnlot etwa 270 °C	550 bis 1100 °C cadmiumfreies Silberlot: etwa 610 bis 730 °C Messing-/Neusilberlot etwa 910 °C
Zugfestigkeit	sehr geringe Zugfestigkeit etwa 40 N/mm²	Zugfestigkeit Messinglot: 400 N/mm² cadmiumhaltiges Silberlot: 450 N/mm² cadmiumfreies Silberlot: 500 N/mm² Neusilberlot: 600 N/mm²

Achtung: Flussmittel enthalten Säuren (Haut- und Augenkontakt vermeiden!)
Cadmium wenn möglich vermeiden! (Kann sich beim Überhitzen in die Raumluft verflüchtigen.)
Blendwirkung der Brennerflamme: Evtl. dunkle Schutzbrille tragen (vor allem beim Arbeiten mit Acetylen/Sauerstoff)

Lötplatz

Der Erfolg beim Löten beginnt bereits bei einer sauberen Arbeitsplatzorganisation. Dazu gehört das Bereitstellen der Lötausrüstung. Diese wird mit Vorteil in einem Kistchen und/oder Holzblock aufbewahrt. Zum Löten am eigenen Arbeitsplatz sollte immer eine wärmeschützende Unterlage verwendet werden.

Eine mögliche Zusammenstellung für eine Lötplatzausrüstung befindet sich im Kapitel «Werkstattausrüstung».

2 Beispiele für das Einrichten eines Lötplatzes

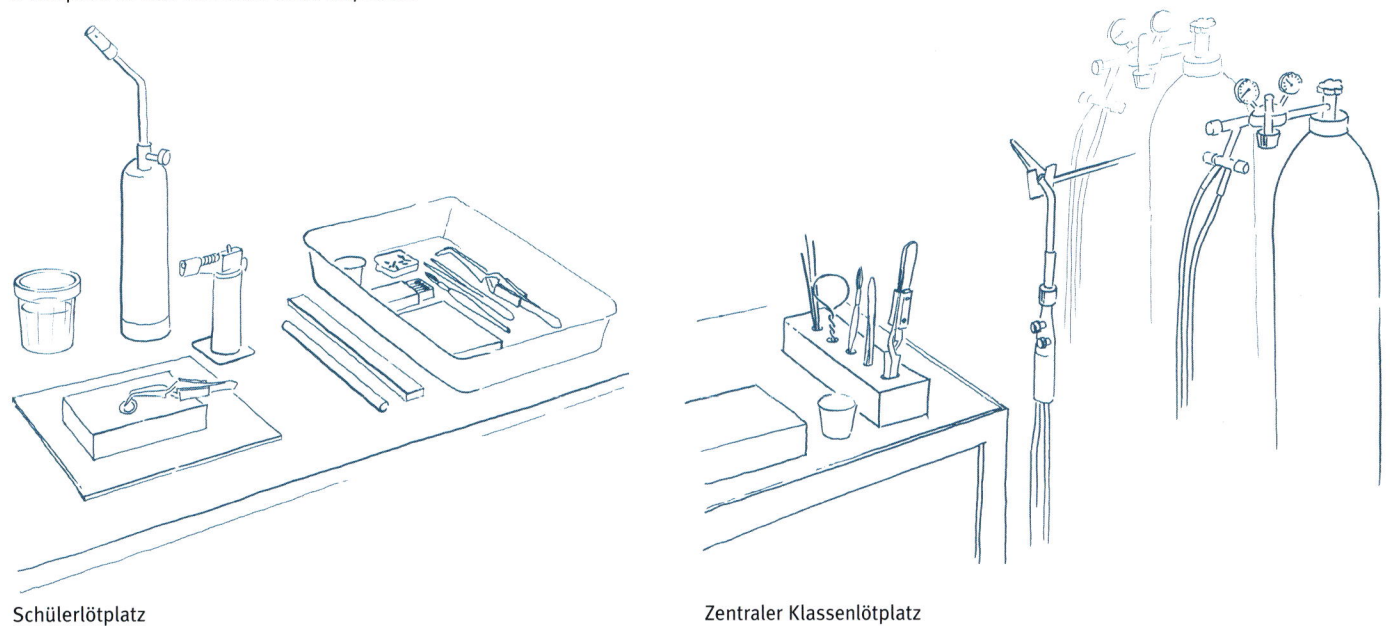

Schülerlötplatz   Zentraler Klassenlötplatz

Löttipps

- Die Lötstellen müssen immer absolut sauber sein (genau angepasst und oxydfrei).
- Wo kein Flussmittel ist, kann das Lot auch nicht fliessen! – Nach dem ersten Erhitzen evtl. nochmals etwas Flussmittel nachgeben.
- Die zu verlötenden Einzelteile müssen die gleiche Hitze haben. – Das Flussmittel zeigt mir die Hitze an (flüssig/durchsichtig/Glanz).
- Das Lot fliesst immer zum Ort der grössten Hitze (Richtung der Flamme beachten!).
- Das Material darf (im Normalfall) nicht rot glühend werden.
- Nicht überhitzen! – Wenn das Flussmittel infolge zu viel Hitze verbrennt, kann das Lot nicht mehr fliessen. Die Lötstelle ist dann ungeschützt. Es entsteht sofort eine Oxydschicht, welche das Fliessen des Lotes verhindert.
- Nicht mit russender Flamme arbeiten!
- Teamarbeit intensiviert und erleichtert die Übungsphase!
- Handlötbrenner eignen sich, um Engpässe zu verhindern. Besonders vorteilhaft sind sie für kleinere Lötungen, wie zum Beispiel beim Löten von Kettengliedern oder für Serienlötungen. Für massivere Lötungen (z.B. dickere Runddrahtringe) geben die Handlötapparate allerdings oft zu knapp oder zu wenig Hitze ab. Hier empfiehlt sich das Löten mit der Autogenanlage.

Verbinden

Löten am Beispiel eines Ringes (Ringschiene/Runddrahtring)

- Den zu verlötenden Schnitt möglichst genau anpassen (Naht/Ebene)
- Vorbereiteten Ring auf Lötunterlage ausglühen (hellrot/nicht zu heiss, zur Verhinderung von Schmorstellen). Dadurch verliert der Ring die Spannung und bewegt sich während des Lötens nicht.
- Ring abbeizen (Entfernen der Oxydschicht)
- Ring evtl. leicht nachrichten
- Lötstelle mit Flussmittel bestreichen (ermöglicht das Fliessen des Lotes und verhindert neue Oxydationen)
- Ring (stabil) fixieren

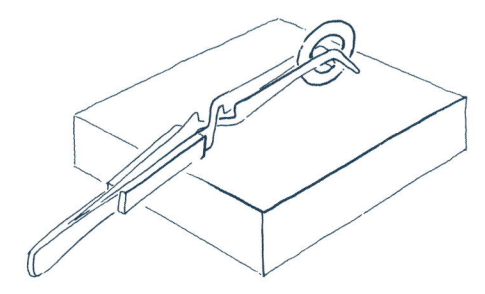

Ring fixieren

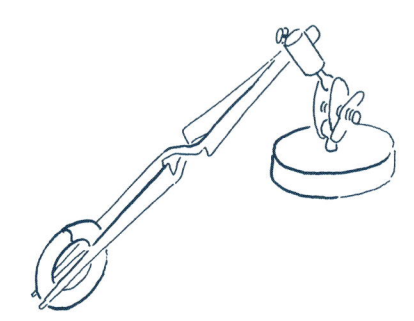

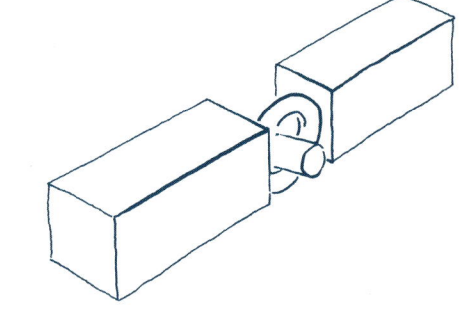

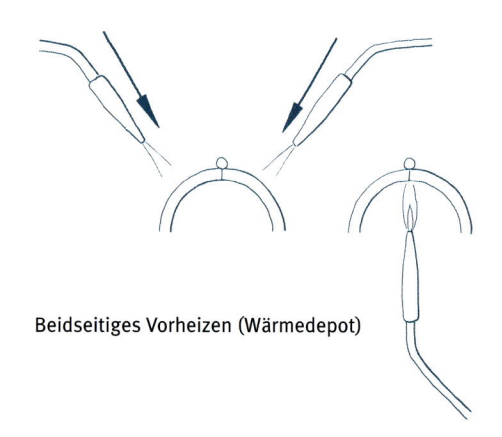

Beidseitiges Vorheizen (Wärmedepot)

- Lotportion auf Spalt platzieren
- Lötstelle beidseitig mit Streuflamme (= nicht zu heiss) gleichmässig erhitzen
- Wenn das Flussmittel dünnflüssig geworden ist (= Arbeitstemperatur), Lötung durch Nähergehen mit der Flammenspitze (= heisseste Stelle der Flamme) auslösen und abschliessen.
- Um das «Einfressen» des Lotes zu verhindern, darf die Hitze nicht zu früh auf das Lot gerichtet werden. Das überhitzte Lotkügelchen schmilzt sonst als «flüssiger Fremdkörper» ins Metall ein und hinterlässt einen Schmelztrichter.
- Abkühlen mit Wasser (auch heiss gewordene Hilfsmittel!)
- Ring abbeizen (Entfernen der Oxydschicht und der gehärteten Flussmittelschicht)

Anmerkung

- Die Lotportionen werden vor dem Löten auf die gewünschte Grösse gerichtet.
- Zu viel Lot bringt unnötige Nacharbeit mit sich (feilen/schleifen), zu wenig Lot hinterlässt sichtbare Spalten.
- Die eigene Erfahrung beim Löten hilft, die Grösse der benötigten Lotportionen richtig einzuschätzen und die Brennerflamme so zu führen, dass die Hitze im richtigen Augenblick an der richtigen Stelle wirkt.

Vorschläge zum Einrichten und Vorgehen beim Löten

Verlöten von Ringschienen und Runddrahtringen

Ringschiene: Lot unter der Lötstelle bereitlegen – von oben heizen

Runddrahtring: Lotplättchen zwischen die Lötstelle klemmen

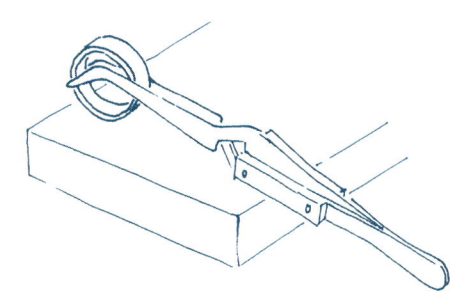

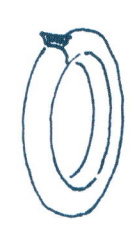

Zusammenlöten verschiedener Einzelelemente

Figur aufsetzen
Lot als geschmolzene Kügelchen beidseitig an der Ringschiene anlegen

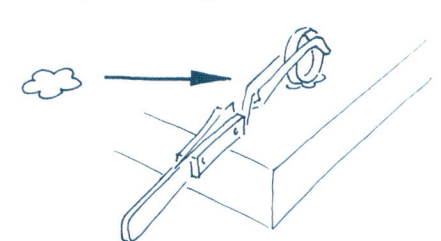

Kügelchen aufsetzen
Lot auf Kügelchen aufschwemmen und beide Teile miteinander verlöten (zweiter Arbeitsgang)

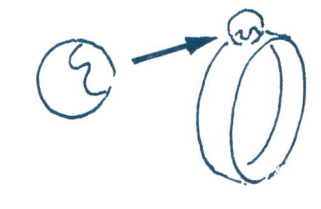

Stäbe zusammenlöten
Lotportionen gleichmässig verteilt zwischen Stäbe legen (evtl. als Lotkügelchen)

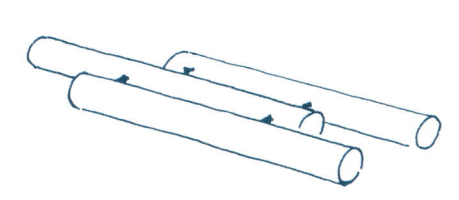

Blech (stehend) auflöten
Lotportionen auf einer Seite regelmässig verteilt an die Naht legen – Vorheizen von der Gegenseite!

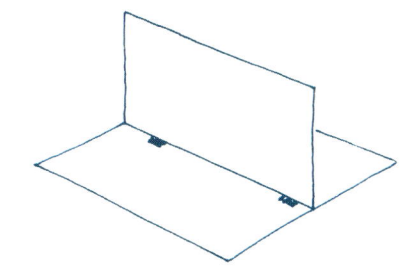

Bleche flach (in einer Ebene) zusammenlöten
Lotportionen gleichmässig verteilt auf die Naht platzieren («schlechte» Seite: oben)

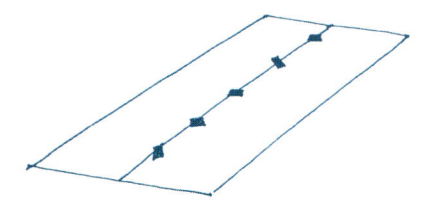

geschlossene Fassung auflöten
Lotportionen am Innenrand verteilt auf die Naht der Zarge (Fassung) platzieren. Vorheizen von aussen!

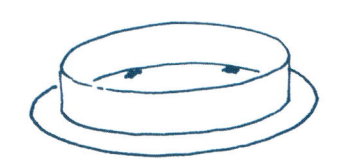

Verbinden

Stiftchen setzen

Auflöten von Silberdraht/Buntmetalldraht als Ohrsteckerstift
Silberdraht 1/0,8 mm wird auf Kupfer/Messing/Neusilber/Silberbleche aufgelötet.
- Blech reinigen
- Ende des Drahtes rechtwinklig feilen (noch nicht ablängen!)
- Flussmittel auftragen (Pinsel)
- Draht fixieren
- Lotkügelchen auf der der Flamme entgegengesetzten Seite platzieren
- Beide Teile gleichmässig erwärmen (Achtung: Draht praktisch nicht erwärmen, bis direkt vor dem Lötvorgang)
- Abbeizen, Oberfläche behandeln
- Stiftchen ablängen (Seitenschneider)
- Runden des Endes (Feile, Schleiftuch – Verhindern der Verletzungsgefahr)
- 1 bis 2 Kerben anbringen (Seitenschneider)
- Mutter aufsetzen (Zubehör, gekauft)

Lötsituation: Anordnung und Vorgehen

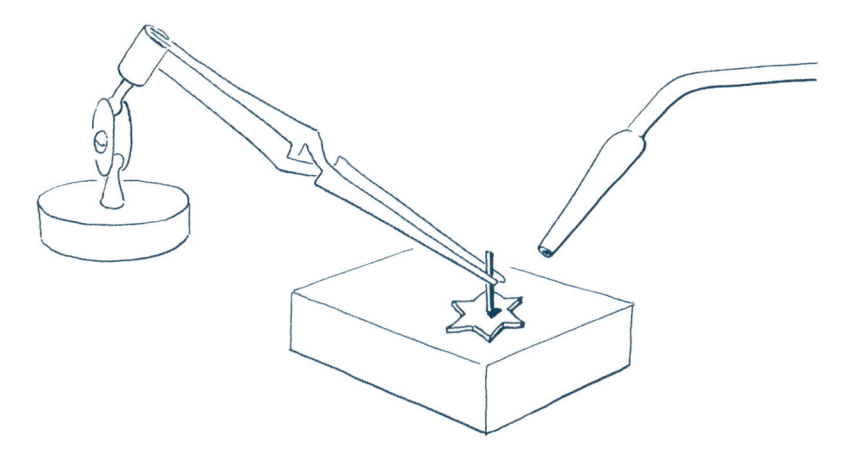

Auflöten von Silberdraht/Buntmetalldraht zur Verbindung verschiedenster Materialien
Blech/Holz, Blech/Acryl, Blech/Kokosschale usw.
- Auf das Blech werden (1) bis 2 Stiftchen aufgelötet.
- Abbeizen, Reinigen des Bestandteiles.
- Stiftchen ablängen: Die Länge der Stiftchen richtet sich nach der Materialdicke des zu verbindenden Materials.
- Bohren der Verbindungslöcher im Material: Ein Loch bohren – Kontrolle der Lage – Zweites Loch bohren
- Zur Positionierung des zweiten Loches: Zweites Stiftchen leicht einpressen oder Loch mit der Reissahle vorstechen
- Verkleben der beiden Materialien mit Zweikomponentenkleber.
- Zur Verstärkung des Haltes der Stiftchen und zur vorgängigen genauen Platzierung können diese zusätzlich in einer leicht vorgebohrten Vertiefung festgelötet werden.

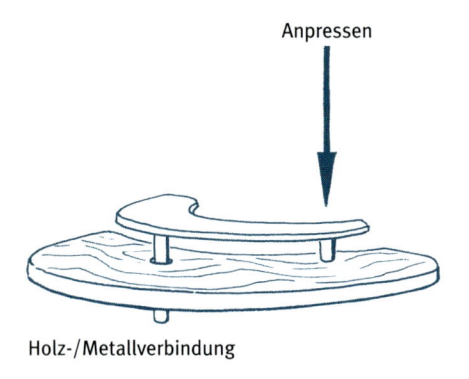

Anpressen

Holz-/Metallverbindung

Verbinden

Kleben

Anmerkung Beim Kleben sind unbedingt die jeweiligen Hinweise der Hersteller bezüglich Verwendung (welche Materialien), Anwendung (Vorgehen), Eigenschaften (Art der Verklebung: hart, flexibel, wasserbeständig usw.), Oberflächenbeschaffenheit der zu verklebenden Teile (glatt/aufgerauht), Entsorgung und Gefahren (Feuergefährlichkeit, Giftklasse, Augenschutz, Hautkontakt) zu beachten!

Die zu verklebenden Flächen müssen sauber, staub- und fettfrei sein.

Mit Probeklebungen überprüfen wir, ob diese unseren Ansprüchen gerecht werden.

Werkzeuge, Material
- Klebstoffe (mit Beschrieben)
- Lösungsmittel (abgestimmt auf Klebstoffe)
- Stofflappen (für Reinigungsarbeiten)
- Wegwerfhandschuhe (zum Schutz der Hände)
- Schutzbrille (Augenschutz bei Verwendung von Schnellklebern)
- Mischunterlagen und Mischstäbchen, Spachtel. (Diese werden aus Abfall- und Restenmaterial selbst hergestellt. Sie werden nach jedem einzelnen Einsatz direkt in den Abfalleimer entsorgt.)

Metalle Metalle werden miteinander nur verklebt, wenn eine Lötverbindung (Hartlöten oder Weichlöten) absolut nicht in Frage kommt!
Da der Klebstoff nicht in die Metalle eindringt, sorgen wir vor dem Kleben für vollkommen saubere Klebflächen. Dazu reinigen wir die Flächen mit einem Lösungsmittel (fettfrei) und rauhen sie eventuell zusätzlich noch mit einem Schleiftuch oder einer Feile auf.
Für das Verkleben von Metallen untereinander verwenden wir Zweikomponentenkleber, Kontaktkleber oder Schnellkleber, so genannte Sekundenkleber.

Zweikomponentenkleber
Zweikomponentenkleber eignen sich besonders gut für starre Verbindungen. Gutes Durchmischen und ein dünner, regelmässiger Klebstoffauftrag garantieren einen dauerhaften Halt. Um das Verschieben der Einzelteile während des Aushärtens zu verhindern, müssen diese zusammengepresst und fixiert werden.

Kontaktkleber
Kontaktkleber bleiben nach dem Aushärten meist flexibler als Zweikomponenten- oder Schnellkleber.
Beide zu verklebenden Flächen werden regelmässig mit Klebstoff bestrichen (Spachtel verwenden!). Nach dem völligen Abtrocknen des Klebstoffs werden die Teile genau zusammengefügt und durch leichtes Anklopfen fest miteinander verbunden. Ein nachträgliches Verschieben der Einzelteile ist nicht mehr möglich!

Schnellkleber
Schnellkleber erreichen ihre Festigkeit an der Luft innert weniger Sekunden. Es ist deshalb besonders auf die Gefahren zu achten (Augen- und Hautkontakt!).
Sie sind besonders geeignet, wenn zwei zu verbindende Einzelteile anderweitig nicht gut fixiert werden können oder wenn die Verklebung als vorübergehende Fixierung verwendet wird.

Schmuckthemen / Arm- und Halsketten, S. 97

Wenig Klebstoff verwenden! Auf möglichst plane Kontaktflächen achten: Je grösser die Klebefläche, desto besser wird das Resultat.
Ausgehärtete Klebungen mit Schnellkleber werden sehr hart und sind deshalb oft empfindlich auf Schläge.

Acryl Klebstoffe für Kunststoffe sollten nur bei guter Belüftung verwendet werden, da sie beim Aushärten Dämpfe entwickeln.
Klarsichtige oder durchscheinende Acrylteile zeigen nach dem Verkleben häufig nicht beabsichtigte Strukturen. Deshalb beschränken wir uns beim Kleben von Acryl in erster Linie auf opake und nicht durchscheinende Sorten.

Corian Zum Verkleben von verschiedenfarbigem Corian untereinander verwenden wir den mitgelieferten Zweikomponentenkleber (Filler). Seine Offenzeit nach dem Mischen beträgt etwa 10 Minuten. Eine Portion muss also fertig aufgebraucht werden.

Metalle mit anderen Werkstoffen Beim Verkleben von Metallen mit anderen Werkstoffen ist das vorgängige Testen der Klebwirkung besonders wichtig. Als fast universal einsetzbare Klebstoffe haben sich dabei Zweikomponentenkleber erwiesen.

Häufig kann das Kleben erleichtert werden, wenn wir die verschiedenen Materialien mit der Stiftchentechnik verbinden und verkleben.

Stiftchen setzen, S.150

Klebstoffsorten und deren hauptsächliche Verwendung

Materialien zum Verkleben	Klebstoffsorte	Besonderes
Papier–Papier	Klebestick	Altert durch starkes Austrocknen und verliert dadurch an Klebekraft
	Weissleim	dünn auftragen
	Kontaktkleber für Papier (z.B. Rubber Cement)	Überschüssige Klebstoffreste können mit dem Finger weggerubbelt werden.
Papier–Holz	Weissleim	für bleibende Klebungen
	Kontaktkleber für Papier	für vorübergehende Fixierungen
Holz–Holz	Weissleim, normal oder kaltwasserfest	Verschiedene Abbindzeiten der Klebstoffe beachten!
Holz–Metall/Kunststoff	Kontaktkleber	Vor dem Zusammenfügen trocknen lassen! Wir verwenden wenn möglich lösungsmittelfreie Kleber.
	Zweikomponentenkleber (z.B. Araldit)	Verschiedene Offenzeit beachten!
Kunststoff–Kunststoff	Acrylkleber	für Acryl mit Acryl (evtl. Schmelzkleber/Achtung auf Dämpfe!)
	PVC-Kleber	für PVC mit PVC (evtl. schweissen/Hitze)
	Zweikomponentenkleber	Versuche anstellen, wenn die Verwendung nicht klar empfohlen ist.
	Adäquate Spezialklebstoffe	Anwendungsbeschriebe beachten!
	Schnellkleber	Unbedingt Testklebungen machen, da viele Schnellkleber (Sekundenkleber) sehr materialspezifisch reagieren.
	Corian-Kleber (Filler)	Es sind, je nach zu verklebenden Farben, verschiedene «Filler» (Zweikomponentenkleber) erhältlich.
Leder–Leder	Kontaktkleber für Leder	Bleibt nach dem Trocknen elastisch. (Ist deshalb auch für Lederschuhsohlen und Ledergürtel geeignet.)
Metall–Metall	Zweikomponentenkleber	wenig Klebstoff verwenden dünn und regelmässig auftragen (Spachtel)
	Kontaktkleber	Vor dem Zusammenfügen gut abtrocknen lassen
	Schnellkleber	Wenig Klebstoff verwenden. Gut pressen, bis der Kleber gebunden hat.
Metall–Stein	Zweikomponentenkleber	Langzeitwirkung: Klebstoff kann beim Altern vergilben!

Verbinden

Übungen und Experimente

Ausgangsmaterial	Blechreste bis etwa 1mm Dicke (Kupfer/Messing/Neusilber/Silber), evtl. Drahtabschnitte
Anmerkung ⇢ *Schmuckthemen / Broschen oder Anhänger, S. 85*	Beim Herstellen von Schmelzprodukten lernen die Schülerinnen spielerisch den Umgang mit der Hartlötanlage und deren Brennern. Schmelzprodukte können als Ausgangsmaterial oder Bestandteil für Schmuckstücke verwendet werden.
Einrichtungen/Hilfsmittel ⇢ *Stiftchen setzen, S. 150*	• Lötanlage mit diversen Lötunterlagen (zum Erzeugen verschiedener Effekte) • Dunkle Schutzbrille (gegen das Blenden) • Flussmittel (evtl.) für das Verschmelzen verschiedener Materialien • Beize zur Reinigung der Schmelzprodukte • Poliermaschine mit Aufnahmemöglichkeit (konischer Dorn mit Gewinde) für Schlagbürsten, verschiedene Poliermittel • Schlagbürsten (evtl.) für Oberflächenstruktur • Löthalterung für Pinzetten (dritte Hand u. ä.) für das Festhalten beim Auflöten von Stiftchen
Vorgehen ⇢ *Schmuckthemen / Broschen oder Anhänger, S. 85* ⇢ *Stiftchen setzen, S. 150* ⇢ *Oberflächengestaltung, S. 142*	**Bleche schmelzen/schmoren** • Gezieltes Schmelzen der Blechreste (Hartlötanlage/kleiner Brenner) (Schmelzpunkte: Kupfer = 1083 °C/Silber = 961 °C) • Weiterverwendung des Schmelzstückes als Brosche oder Anhänger • Weiterverwendung des Schmelzstückes als Bestandteil zum Kombinieren mit Holz, Stein, Acryl usw. – Auflöten der Verbindungsstiftchen – Oberflächen gestalten – Oberflächen schützen
⇢ *Schmuckthemen / Fingerringe, S. 54* ⇢ *Techniken / Löten, S. 149*	**Kügelchen schmelzen** • Kleine Silberreste können in einer Vertiefung auf der Holzkohle problemlos zu Kügelchen geschmolzen werden. • Zugabe von wenig Flussmittel erleichtert das Schmelzen • Um mehrere gleich grosse Kügelchen zu erhalten, empfiehlt es sich, die Resten vor dem Schmelzen zu wägen. • Durch Aufschmelzen von Lot auf dem Kügelchen oder durch das Setzen eines Stiftchens lassen sich die Kügelchen als Zierelemente verwenden.
Schlussbemerkung	Nicht jedes Schmelzprodukt kommt so heraus, wie man sich das vorgestellt hat. – Es lässt sich demzufolge auch nicht jedes Resultat weiter verwenden. – Anderseits kann man dem anvisierten Resultat etwas nachhelfen, indem man dem Restblech mit der Schere im Voraus eine Grundform gibt und das Schmelzen mit Sägeschnitten zusätzlich steuert.

Anhang

Themen – Grundtechniken – Organisationsformen

Themen Als Einstieg in die Schmuckgestaltung kann ein Thema ins Zentrum gestellt werden, ausgehend von Formen (Naturformen und geometrische Formen suchen, ableiten, entwickeln), von Grundtechniken oder von einem Material (Kokosschalen, Corian usw.)

Entwicklungsreihen von Formen
- Elemente aus Ornamenten
- Formen aus der Natur

Motive aus antiker bis gegenwärtiger Kunst und Kunstgewerbe führen zu Schmuckformen

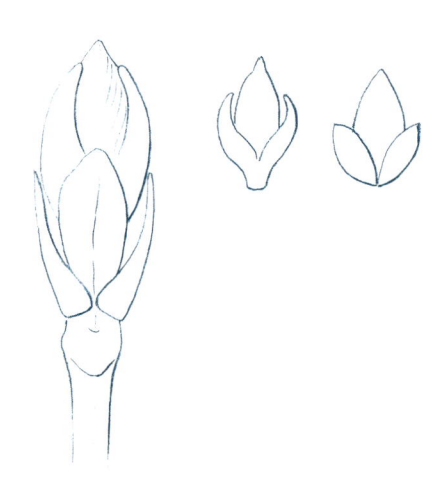

Anregungen zur Unterrichtsgestaltung

Pflanzenformen regen an zu Abstraktionen und Reduktionen

Grundtechniken

Durch das Kennenlernen und Üben verschiedener Grundtechniken (biegen, sägen, bohren, schmelzen, löten) gewinnt die Schülerin Sicherheit, Einblick und Freude an ihren wachsenden Fähigkeiten.

Bei der unmittelbaren Anwendung zur Gestaltung eines persönlichen Schmuckstückes wird die erlernte Technik an preislich günstigerem Material (Cu, Ms, Ns) geübt und nachfolgend mit Edelmetall (Silber, Titan o.ä.) definitiv ausgeführt.

Die Reihenfolge bei der Einführung von Grundtechniken spielt keine zentrale Rolle und hängt auch davon ab, was als Themenschwerpunkt gewählt wird.

Organisationsformen

Parallelarbeiten, Zwischenarbeiten
Um Engpässe zu vermeiden, ist es unerlässlich, schon sehr früh Parallelarbeiten (einfache Einstiegsarbeiten) und Zwischenarbeiten (vertiefende persönliche Arbeiten) zu organisieren.

Götti-Prinzip
In einer ersten Phase übernimmt die Lehrperson die Führung.
Sobald die erste Schülerin diese Aufgabe beherrscht, tritt sie als neue Gotte auf und instruiert ihre Mitschülerinnen. Gleichzeitig tritt sie als Helferin in Aktion, welche sich nach und nach immer mehr zurückzieht.
Ein zweiter Schüler beobachtet die ganze Tätigkeit, leistet eventuelle Hilfestellungen und wird anschliessend selbst aktiver Lehrling.
Das Götti-Prinzip fördert die Teamarbeit.

Hilfslehrkräfte
Schülerinnen werden gemeinsam instruiert und helfen ihren Kollegen bei neuen oder schwierigeren Arbeitsgängen (Schneeballprinzip).

Rhythmuswechsel
Arbeitsabläufe, die grosses Durchhaltevermögen voraussetzen oder drohen eintönig zu werden, sollten nach Möglichkeit rhythmisiert werden (durch Abwechslung beim Material, durch Parallel- und Zwischenarbeiten, durch gemeinsame Werkbetrachtungen oder Lösungsvergleiche).

Grundausrüstung, Hilfs- und Verbrauchsmaterial

Voraussetzung Normausrüstung Metallwerkstatt, in welcher u.a. auch Treibwerkzeuge, Kunststoffhämmer, Feilen, Biegedorne vorhanden sind.

Die angegebene Anzahl der einzelnen Werkzeuge stellt ein absolutes Minimum dar. Es wird davon ausgegangen, dass die Schüler sich jeweils in ein Werkzeug teilen bzw. die Klasse zur Arbeit an verschiedenen Gegenständen aufgeteilt wird.

Grundausrüstung Empfehlung für eine Abteilung von 12 Schülerinnen
Die Zahlen in der Klammer bedeuten: «Nicht absolut notwendig, aber wünschenswert».

Schülerwerkzeuge

6 Silberschmiedezangen	flach/flach	scharfe Kanten
6 Silberschmiedezangen	rund/rund	kleinste Rundungen
6 Silberschmiedezangen	flach/rund	Rundungen
6 Silberschmiedezangen	flach/halbrund	Korrekturen, Runden
Bei sämtlichen Silberschmiedezangen achten wir auf hiebfreie (evtl. polierte) Backen.		
6 Seitenschneider		Ablängen von Drähten/Richten von Lotportionen
6 Ringfeilen/6 Zoll halbrund (150 mm)	feiner Hieb	Verputzen von Ringinnenseiten
6 Ringfeilen/6 Zoll halbrund (150 mm)	grober Hieb	Verputzen von Ringinnenseiten
6 Nadelfeilen (160 mm)	flach	
6 Nadelfeilen (160 mm)	halbrund	
6 Nadelfeilen (160 mm)	rund	
6 Nadelfeilen (140 mm)	flach (feiner Hieb)	Feinanpassung von Lötstellen
Auswahl von Biegedornen und -rohren		Biegen und Formen (z.B. Kettenglieder)
6 (12) Uhrmachersägebogen (Ausladung 7 und 13 cm)		
6 Silberschmiedehämmer		
6 Kunststoffhämmer		
6 (12) Sägetischchen (Eigenbau)		Auflagetischchen zum Sägen
2 Messingbürsten		zum Kratzen fertiger Gegenstände (z.B. Silberkettchen)

Maschinen

1 Bohrmaschine (evtl. 1 Mini-Tool) mit kleinen Bohrern (ø im Bereich um 1 mm)	
1 (2) kleine Poliermaschine mit	
• Schwabbeln (Baumwollgarn/Nesseltuch)	Polieren von Aussenflächen
• Schlagbürsten und	Oberflächengestaltung
• Baumwollriegel konisch	Polieren von Ringinnenflächen
(1) Hängebohrmotor mit Handstück	Bohren und Polieren
(1) elektrische Decoupiersäge	Acrylplatten sägen

Lehrerwerkzeuge

1 (2) Ringriegel	Runden und Richten von Ringen
1 Ringspiel/Ringmass	Bestimmen von Ringgrössen
(1) Ösenriegel, oval	Richten von Ösen
(1) Armreifriegel	Richten von Armreifen
2 Segeringzangen (klein, mittel)	Richten von Ösen und Kettengliedern
1 kombinierter Dreikantschaber/Polierstahl	säubern, schaben, polieren
2 Glasfaserstifte (Glaskratzdrehstifte 10/4 mm)	säubern, Oberflächengestaltung
2 Holzfeilkloben	Feilen von Feinteilen
(1) Ringbiegezange	Formen von Fingerringen
2 Zangen mit Kunststoffbacken (Backen schraubbar)	biegen, richten
6 Nadelfeilen (140 mm) vierkant	
6 Nadelfeilen (140 mm) dreikant	
6 Nadelfeilen (140 mm) barett	
Auswahl von Riffelfeilen	zum Verputzen schwer zugänglicher Stellen
(1) Kugelanken mit verschiedenen Kugelpunzen	Linsen, Kugeln formen
oder (1) Würfelanken mit Kugelpunzen (Auswahl)	Linsen, Kugeln formen
(1) Zieheisen, Rundloch 0,5 bis 3,0 mm mit (1) Ziehzange 250 mm	Ziehen von Draht
(1) Feingehaltstempel 925 Ag	Ag-Gehalt stempeln
(1 Rilleneisen) oder Rillenholz	Formen von Blech

Hilfsmaterial   Schraubstockbacken

Merke:
Die rohen Schraubstockbacken müssen (meist) mit speziellen Schutzbacken verwendet werden, da sich der Hieb der gehärteten Schraubstockbacken auf Werkzeuge und Werkmaterial überträgt!

Schutzbacken schützen Werkzeuge und Werkstücke/Werkmaterialien.

Die Schutzbacken müssen immer weicher sein als die Werkzeuge oder Werkgegenstände/Werkmaterialien (höchstenfalls gleich weich).

Empfohlene Schutzbacken	*Wofür?*
Zinkbacken	Werkzeuge, Eisen/Stahl
Kartonbacken (festes Papier)	Buntmetalle, Silber
Aluminiumbacken	Buntmetalle, Silber massiv
MDF-Backen (mit Doppelklebband auf Schraubstockbacken geklebt)	Buntmetalle, Silber
Biegeschienen und Papier	Buntmetalle bearbeiten
Biegewinkel gehärtet • abgerundete Kanten • scharfe Kanten	für saubere präzise Biegungen Bleche, runde Biegung Bleche, scharfe genaue Biegung

Werkstatteinrichtung und Werkzeuge

Lötmaterial

6 Sets mit je einer vollständigen Ausrüstung für die Schüler, damit sie am eigenen Arbeitsplatz löten können. Dazu empfiehlt sich eine wärmeschützende Unterlage (z.B. Hartpavatex, MDF, Mineralfaserplatte o.ä.).

Set

Kreuzpinzette	zum Fixieren von Lötteilen
Spitzpinzette	zum Aufnehmen von Lotportionen
Schutzplatte	zum Schutz des Tisches (z.B. MDF-Platte)
Lötunterlage (wahlweise) • Kohle • Lötgitter • Schamotte	nimmt Wärme sehr gut auf Wärmen von unten nimmt Wärme gut auf (Cheminee)
Stecknadeln	Fixieren der Einzelteile auf Kohle
Lötpinsel (fein)	zum Auftragen von Flussmittel
Gottesfinger (spitzer Draht)	genaues Platzieren der Lote
Flussmittelbehälter	
Lotportionenbehälter	Lotband/Lotstreifen oder Lotstab auf Verbrauchsgrösse portioniert
Gefäss mit Wasser	Abkühlen frischer Lötstellen

zusätzlich:

Haltevorrichtung	Löthilfe, dritte Hand, Pinzettenhalter
Schere, Seitenschneider	zum Portionieren des Lotes
1 Handlötapparat	evtl. feste Hartlötplätze

Giessmaterial

1 Schmelztiegel mit Haltevorrichtung	Schmelzen von Silber
Ossa Sepia	als Gussform
Bindedraht	zum Zusammenbinden der Ossa Sepia
2 Gussformen, Sand, Wachs	für Formenguss
1 Wachsfeilenset (evtl. Holzraspeln und -feilen)	für Formenguss

Verbrauchsmaterial	kleine Polierräder Baumwolle (= Kleinstbürsten) (beim Fehlen einer Poliermaschine)	(zum Einspannen in der Bohrmaschine)
	Schwabbel aus Baumwollgarn/Nesseltuch	zum Polieren
	Acrylpolierpaste auch für Bunt- und Edelmetalle verwendbar	für Poliermaschine
	Handpolierpaste (evtl. Polierrot)	Polieren von Hand
	Watterondellen, Wattestäbchen, Baumwolllappen	Reinigen, Polieren, Lackieren
	(1) Silberputztuch – (1) Silberreinigungsflüssigkeit	Silber putzen
	Schleifpapiere mit feiner Körnung (z.B. 400/600/800)	
	kleine handliche Schleifhölzer/evtl. käufliche Schleiflatten	
	Rundhölzer zum Herstellen von Schleifhölzern (ø 10/15/20 mm, beklebt mit Schleifpapier)	Schleifen von Ringinnenflächen
	Metallschutzlack (kleine Baumwolllappen zum Lackieren)	
	Zweikomponentenkleber (z.B. Araldit)	für feste Verbindungen
	Sekundenkleber	zum vorübergehenden Fixieren
	3 Silberlote mit verschiedenem Schmelzpunkt (z.B. 610/680/720 °C) (nur empfehlenswert, wenn verschiedene Lötungen auf engem Raum zusammenkommen bzw. für Ringaufbauten und Fassungen)	
	evtl. Lötstopppaste	zum Schutz bestehender Lötstellen
	Hartholzstücke als Schlaghölzer, Formhölzer, Bohrunterlagen, Feilhölzer	
	Oxydbeize	Schwarzfärbung von Ag und Cu
	Messingschwarzbeize	Schwarzfärbung von Ms und Ns
	Abbeizmittel (z.B. UDIPREP/Bijoutil) Entfernen von Oxydschichten und Flussmittelresten oder zum Weisssieden von Silber – biologisch abbaubar! (Ersatz für 10%ige Schwefelsäure)	
	Dreibein, Becherglas, Gitter (mit feuerfestem Belag), Gasbrenner (zum Wärmen des Abbeizmittels ⟶ schnellere Reaktion)	
	Sägeblätter für Uhrmachersägebogen Nr. 3 (grob) für Acryl – Nr. 1/Nr. 0 (fein)/Nr. 03 (sehr fein)	diverse Zahnungen für feinere Metallarbeiten

Werkstatteinrichtung und Werkzeuge

Legierungen

Die Benennung von Legierungen geschieht meist nach den überwiegenden Komponenten des Gemisches. Die Eigenschaften der reinen Elemente lassen sich durch das Legieren ändern und hinsichtlich Weiterverarbeitung oder -verwendung optimieren.

Messing (Gelbguss)

Kupfer/Zinklegierung evtl. Zusätze von Blei, Aluminium, Mangan, Eisen	(Schulqualität = halbhart)
Gussmessing	63–67 % Cu
Schmiedemessing	60 % Cu ab 20 % Zinkgehalt: gelbliche Legierung

Neusilber

Kupfer/Nickel/Zinklegierung Handelsbezeichnung	mit Spuren anderer Metalle Argentan, Alpaka	sehr hart und relativ korrosionsfest (z.B. Kaba-Schlüssel)

Bronze

Kupfer/Zinnlegierung	evtl. Kombinationen mit Zinn, Aluminium, Blei, …
Zinn-Bronze	80–95 % Cu + 20–5 % Zinn
Alu-Bronze	91–96 % Cu + 9–4 % Aluminium
Blei-Bronze	65–90 % Cu + 35–10 % Blei
Gold-Bronze	95–97 % Cu + 5 % Aluminium

Chromstahl

Das reine Element Chrom wird als Rostschutz für Metalloberflächen und als Legierungszusatz für Hartstähle verwendet.

Ab 12% Chromgehalt	nichtrostend
Chrom/Nickelstähle	relativ säurebeständig
Chrom/Kobaltstähle	unmagnetisch

Silber

Reines Silber ist für Gebrauchsgegenstände und auch Schmuck zu weich!

Zusatz von Kupfer (u.a.) erhöht die Härte, aber auch die Tendenz anzulaufen (Oxydation).

Wir arbeiten mit Legierungen der Feinheit 925 und 935.

Gold (Aurum)

Blattgold	Für Vergoldungen bereits im Altertum verwendet. Blattgold ist 1/12000 mm dünn.
Weissgold	bis max. 75% Gold/Zusätze: Silber, Nickel, Platin, Palladium
Rotgold	75% Gold + 25% Kupfer (kann bis 22 Karat Gold enthalten)
Silbergold/Graugold	Elektrum (Altertum): 75% Gold + 25% Silber

Achtung: Die Vielfalt der Legierungen führt beim Goldschmuck zu grossen Preisunterschieden. Diese sind auf den unterschiedlichen Karatgehalt zurückzuführen!

Gelbgold	9 Karat (375)	GAM darf in der Schweiz nicht als Gold verkauft werden
	11 Karat (458)	häufig in Fernost verkauft (z.B. Hongkong)
	14 Karat (585)	in Versandkatalogen anzutreffen (D)
	18 Karat (750)	«normales» Schmuck-Gold
	22 Karat (916)	Zahngold
	24 Karat (1 000)	«Reines» Gold – eignet sich weniger zum Verarbeiten.

1 Karat

= ursprünglich der Same des Johannisbrotbaums

Heute gültiges, so genannt metrisches Karat = 0,200 g.

Legierungen werden heute in Tausendsteln angegeben.

12 Karat = 500/1000

Titan

Titan wird (je nach Verwendung / Einsatz) in verschiedenen Legierungen gehandelt.

Palladium (Pd), Molybdän (Mo), Chrom (Cr), Mangan (Mn), Stickstoff (N), Nickel (Ni), Kobalt (Co) kommen hierfür zum Einsatz.

Titan zur Schmuckverarbeitung liefern einzelne Edelmetalllieferanten.

Schmelzpunkte verschiedener Metalle

Kupfer	1083 °C
Zink	420 °C
Messing	etwa 700 bis 1000 °C
Nickel	1453 °C
Neusilber	ab etwa 1000 °C
Eisen	1536 °C
Titan	1668 °C
Silber	960,5 °C
Silber 925	820 bis 910 °C
Gelbgold	1063 °C
Gold 18 ct	850 bis 920 °C

Metalle

Rohmaterialempfehlungen

Sortiment

Aus Kostengründen empfiehlt es sich, das Sortiment an Rohmaterial für Experimente, Modelle und Schmuckgegenstände einzuschränken, insbesondere bei Silber und bei Titan.

Unverbindlicher Vorschlag für Silbersortiment mit möglicher Verwendung

Silberdraht	d = 0,8 mm	Ohrstecker, Ohrhänger, Ösen, Zopfmuster
	d = 1,0 mm	Ohrstecker, Ohrhänger, Ösen, Ketten
	d = 1,5 mm	Fingerringe, Ketten, Fassungen
	d = 2 mm	Fingerringe, Armreife
	d = 3 mm	Fingerringe, Armreife,
	d = 4 mm	Fingerringe, Armreife, Anhänger
	d = 5 mm	Fingerringe, Armreife, Anhänger
Silberblech	d = 0,4 oder 0,5 mm	Ohrstecker, Ohrhänger, Fassungszargen
	d = 0,8 mm	Armspangen, Fingerringe, Haarspangen, Haarnadeln, Anhänger/Broschen, Kettenglieder, Fassungszargen
	d = 1,0 mm	Armspangen, Fingerringe, Haarnadeln, Kettenglieder, Anhänger/Broschen
	d = 1,2 mm	Fingerringe, Kettenglieder

Bestellungen von Edelmetallen

- Wesentliche Einsparungen erzielt man durch den Einkauf grösserer Mengen. Deshalb sind Sammelbestellungen ein gutes Mittel zur Kostenreduktion.
- Beim Silber bestellen wir normalerweise eine 925er-Legierung. Dieses Material wirkt als fertig verarbeitetes Schmuckstück wesentlich weisser als eine niedrigere Legierung.
- Der Preis setzt sich im Wesentlichen immer aus den Herstellungskosten und den Materialkosten zusammen.
- Je grösser die bestellte Menge ist, desto weniger wird für die Herstellung (Fasson) pro Gramm verrechnet.
- Das Bestellgewicht berechnet sich mit Hilfe des spezifischen Gewichts pro cm^2 Silberblech.

Beispiel für eine Kostenberechnung

Der Fachhandel liefert meist 935-er Reinheit

1-mm-Silberblech (25 cm × 13,5 cm)
1 cm² Silberblech 1 mm = 1,06 g

⇢ Bestellung: 250 mm × 135 mm = 337,5 cm² ⇢ 357,75 g

Rechnung		
Fasson	357,75 g zu 0,27 Fr. (ab 350 g Bestellgewicht) =	Fr. 96.60
Reinsilber	334,50 g zu 0,25 Fr. =	Fr. 83.60
Berechnung	Das Reinsilbergewicht berechnet sich wie folgt: ⇢ 935 Tausendstel von 357,75 g = 334,50 g	
Nebenkosten	(MwSt + Porto)	Fr. 14.80
Totalkosten	für geliefertes Ag-Blech	Fr. 195.00
Grammpreis	(Selbstkosten): 54,50 Rappen (ohne Abfälle, welche bei der Verarbeitung jeweils wegfallen!)	

(Stand 2003)

Da bei Edelmetallen der Tagespreis massgeblich ist, lohnt es sich, den Markt zu beobachten, vor allem bei teuren Metallen!

Wie schwer ist eine bestimmte Menge Silber?

1 Meter Silberdraht (1000 mm) wiegen	ø 2 mm	32,95 g
	ø 2,5 mm	51,50 g
	ø 3 mm	74,20 g
	ø 4 mm	132 g
1 cm² Silberblech wiegt	d = 0,6 mm	0,60 g
	d = 1,0 mm	1,05 g
	d = 1,2 mm	1,26 g

Titan

Das Bestell- und Lagersortiment bei Titan ist abhängig von der Erhältlichkeit im Handel. Durchmesser von Rundstangen (Drähte) und Dicke von Blechen sind infolge des sehr geringen spezifischen Gewichts (4,5 g/cm³) eher sekundär.
Titan ist für die Schmuckverarbeitung im Fachhandel erhältlich.